THE SCOTTISH LIBRARY

Collected Poems

THE SCOTTISH LIBRARY

Collected Poems 1941–1975

Sydney Goodsir Smith

with an introduction by
Hugh McDiarmid

John Calder · LONDON

First published in Great Britain 1975
by John Calder (Publishers) Ltd
18 Brewer Street, London WIR 4AS

ISBN 0 7145 1105 6

This volume has been produced with the assistance of the Scottish Arts Council and the publishers wish to acknowledge with thanks the substantial help given not only by the Council itself but by its Literature Committee without which this volume and others in the series could not be viably published.

The following collections were first published as follows: *Skail Wind*, The Chalmers Press, Edinburgh, 1941; *The Wanderer*, Oliver & Boyd Ltd., Edinburgh, 1943; *The Deevil's Waltz*, William MacLellan & Co. Ltd., Glasgow, 1946; *So Late into the Night*, Peter Russell, London, 1952; *Figs and Thistles*, Oliver & Boyd Ltd., Edinburgh, 1959; *The Aipple and the Hazel*, Caledonian Press, 1951; *Cokkils*, M. Macdonald, Edinburgh, 1953; *Omens*, M. Macdonald, Edinburgh, 1955; *Under the Eldon Tree*, Serif Books, Edinburgh, 1948; *The Vision of the Prodigal Son*, M. Macdonald, Edinburgh, 1960; *Kynd Kittock's Land*, M. Macdonald, Edinburgh, 1965; *Gowdspink in Reekie*, M. Macdonald, Edinburgh, 1975; *Fifteen Poems and a Play*, Southside (Publishers) Ltd., Edinburgh, 1969.

Typesetting by Gloucester Typesetting Co, Gloucester
Printing by Whitstable Litho, Whitstable, Kent

Contents

v

vi

ix

Introduction

This long overdue volume will be welcomed by the lovers of Scots Poetry and the rapidly increasing body of students in all our eight Universities in which, at long last—a more remarkable achievement even than the great escalation of the Scottish National Party—there are now courses in Scottish Literature. It is a pity that it did not appear before Sydney's sudden and premature death on 15th January in his 59th year. In choosing to write in Scots (albeit with transpontine inclusions from the vocabulary of the English poets of the 'nineties; and from classical sources) Sydney can only be compared with the Dorsetshire dialect poet, William Barnes, who was a great scholar, versed in various languages and literatures. But Barnes lived in Dorset, whereas Sydney was born in New Zealand and it has puzzled many of his admirers to know how he came to have such a thorough knowledge of Scots. The same thing puzzled some of his contemporaries in relation to Sir Walter Scott, whose social class, education, and profession would have rendered any such mastery of the Vernacular unlikely. The son of Professor Sir Sydney Smith, Professor of Forensic Medicine at Edinburgh University, he was educated at Edinburgh and Oxford Universities, and only first came to Scotland in 1927. But he was not long in acquiring a great knowledge of the Scots Poetry of the fifteenth and sixteenth centuries, and of its revival in the eighteenth century by Burns, Fergusson, Ramsay and others. He found there—and in our demotic language generally—qualities to which his whole nature responded and which he could not find in official English at all.

Dr. Kurt Wittig was right when he said of Sydney: 'In artistic outlook he is fairly close to the Old Makars, but not in the feelings with which he contemplates the problem of modern man's place in the universe: "Godlike, speiran, miscontentit Man; surveying his riven legacie!" For Smith can also claim kinship with Baudelaire or Racine, Aristophanes or Juvenal, Ezra Pound or T. S. Eliot, and sometimes he gains his perspective by bringing the Scots outlook into relationship with classical and Celtic mythology.'

Like Burns he was 'a rantin', rovin', lad' and gloried in it, and hated all respectability, 'stuffed shirt-ism', hypocrisy and cunning under-statement. Scottish poetry has had (at least in recent centuries) few bohemians or men of wild and colourful personality. But Sydney was one of these and if Scottish poetry was better appreciated might well have been rated in these respects with Dylan Thomas. What militated against that, however, was that he lacked Thomas's 'organ voice' and capacity for public appearances. His versatility was even greater, how-ever. He was a perceptive critic and literary essayist, a poet, a dramatist, a novelist of a Joycean kind, an art-critic, a playwright, and himself a painter and a skilful caricaturist.

The obituary, which appeared in *The Times* on Tuesday, 21st January, summed up much of his achievement, when it said: 'In his person he combined elegance and carelessness in a distinctive balance. If his clothes always looked untidy, they still looked as though they had been at some point under the hand of the best tailor in Edinburgh. He was a witty and entertaining talker, of the sort that can always cap one story with another until well past closing time. He once listed his recreations as "drinking and blethering". In 1946 he was the recipient of a Rocke-feller Atlantic Award; in 1951 he won a Festival of Britain Scots Poetry prize; and in 1972 the Scottish Arts Council gave him a Bursary in recognition of his services to Scots poetry. Among other honours that came his way may be mentioned an award from the magazine Poetry Chicago in 1956 and the Sir Thomas Uruquart Award in 1962. The last might be considered the most appropriate honour of all, since Smith had much in common with that Scottish translator 'trans-mogrifier of Rabelais'. He had a great deal in common with Burns too. If it may be said of Burns that he had that character which Keats described: "It lives with gusto, be it foul or fair, high or low, rich or poor, mean or elevated. It has as much delight in conceiving an Iago as an Imogen." '

By virtue of his co-editorship with James Barke of Burns's 'Merry Muses', he takes his place alongside not only Burns but Dunbar and Alexander MacDonald and a few others, of whom it may be said, as Arnold Bennett said of Swinburne, 'he played a rare trick by enshrining in the topmost heights of our literature a lovely poem that cannot be discussed'.

M. George Steiner is right when he says of contemporary English poetry that it has 'an unmistakable thinness, corner-of-the-mouth spar-sity, sour fastidiousness . . . The age is less one of anxiety than of envy, of hopeful malice. To borrow an image from a French children's story, the thin gray ones, the steely trimmers, hate the round warm ones. They desire the messiness of intense presence, of intense feeling, which they call "flamboyance". They come with tight lips and deflation.' Then Sydney was the antithesis of this in every respect.

Sydney's death is a great loss to Scottish life and literature, for he was one of a very few in our midst, of whom the late Moray Maclaren was thinking as an invaluable exception, when he wrote: 'Today the curse of Scotland is not, as is commonly supposed, whisky or the nine-of-diamonds, or even after-dinner speaking—but mediocrity. It is particularly pernicious and prevalent with us because essentially so unlike us . . . Ever since 1707 the spirit of mediocrity in Scotland has grown and spread. Deep down in men's hearts there is the knowledge that this is unnatural to them, and it is this knowledge that is responsible for those gaucheries which display what we now call the Scottish inferiority complex.'

There was nothing mediocre about Sydney, but as I have said elsewhere, he was 'a most lovable, unpretentious and compassionate man, who, as poet, translator, literary critic, art critic, dramatist and editor, displayed a record of versatility hardly any of his contemporaries come near equalling.'

HUGH MACDIARMID

Books by Sydney Goodsir Smith

Skail Wind: poems. Edinburgh, Chalmers Press, 1941.

The Wanderer, and other poems. Edinburgh, Oliver & Boyd 1943.

The Deevil's Waltz: poems. Glasgow, Wm. Maclellan 1946.

Carotid Cornucopius: a novel. Glasgow, Caledonian Press 1947. Edinburgh, M. Macdonald, 1964. London, John Calder Ltd 1976.

Selected Poems. Edinburgh, Oliver & Boyd 1947.

Under the Eildon Tree: a poem in XXIV elegies. Edinburgh, Serif Books 1948. Revised edition 1954.

A Short Introduction to Scottish Literature. Edinburgh, Serif Books 1951.

The Aipple and the Hazel: poems. Caledonian Press 1951.

Robert Fergusson, 1750-1774: essays edited by S.G.S. Edinburgh, Nelson 1952.

So Late into the Night: fifty lyrics. London, Peter Russell 1952.

Cokkils: poems. Edinburgh, M. Macdonald 1953.

Orpheus and Eurydice: a dramatic poem. Edinburgh, M. Macdonald 1955.

Omens: nine poems. Edinburgh, M. Macdonald 1955.

The Merry Muses of Caledonia: edited by S.G.S., James Barke and J. DeLancey Fergusson. Edinburgh, M. Macdonald 1959.

    2nd edition, New York, Putnam 1964.

        "   "   London, W. H. Allen 1965.

        "   "   London, Panther Books 1966.

Gavin Douglas: poetry selection. Edited by S.G.S. Edinburgh, Oliver & Boyd 1959.

Figs and Thistles: poems. Edinburgh, Oliver & Boyd 1959.
The Vision of the Prodigal Son: a poem. Edinburgh, M. Macdonald 1960.
The Wallace: a triumph in five acts. Edinburgh, Oliver & Boyd 1960.
Hugh MacDiarmid: a festschrift. Edited by K. Duval and S.G.S.
    Edinburgh, K. Duval 1962.
Kynd Kittock's Land: a poem. Edinburgh, M. Macdonald 1965.
Bannockburn: the story of the battle. Edited S.G.S., Stirling, *Scots Independent*, 1965.
A Choice of Burns' Poems and Songs. Selected by S.G.S. London, Faber & Faber 1966.
Fifteen Poems and a Play. Edinburgh, Southside 1969.
Gowdspink in Reekie: a poem. Loanhead, M. Macdonald 1974.
Collected Poems. The present work. John Calder Ltd 1975.

This list is indebted to the much more fulsome Checklist of S.G.S. books by W. R. Aitken published in *Scotia Review* (August 1975 number) edited by David Morrison, Wick, Caithness.

Foreword

In this collection the reader will notice variations in my spelling over the years.

The spelling of Scots has always been a problem as there have never been accepted or standard rules. It has stayed in much the same unregulated state as the spelling of English was up to the sixteenth century.

By the time the other European vernaculars had broken away from their Teutonic and Romance beginnings and more or less settled down to national norms based on their own particular vernacular translations of the Bible, the Scots (for various reasons, some political) had adopted the English version instead of producing one of their own—though such in part did exist. The language and spelling of this English version (generally the Eycliff), because it was the only general book available to everyone, gradually became the accepted pattern for all formal literary purposes—legal documents, royal proclamations, burgh records and suchlike. So began the division between the spoken tongue and printed script that has persisted to this day. Had a Scots version of the Bible been published widely at this time there would have been a different tale to tell in all probability. I suppose it might be said that God was (and maybe still is) on the side of the big battalions.

When I say 'printed script' I refer of course to prose. The poets, more dependent on sound for proper communication and appreciation, continued to use the 'auld Scottish leid'—and some still do. (I think it was Robert Louis Stevenson who said that for Scotsmen it would always be 'the language of the heart'). Without a printed standard they tended to spell as they spoke (did not Shakespeare spell his own name in six different ways) whilst observing some conventional uses, based on English or historical tradition, and provincialising matters still further with a very plethora of apostrophes to approximate it, as it were, to the accepted standard English.

Allan Ramsay tried to find a halfway house, and his mode of half-Scots, half-English, plus a few archaisms, was followed (vaguely) by Burns, who was very inconsistent, and by Scott (more 'educated', more anglicised) who was less so. MacDiarmid has followed in their wake, as had most other nineteenth and earlier twentieth century writers of Scots.

In 1947 or thereabouts a group of poets in Edinburgh, the Makars Club, decided to rationalise this spelling business if they could manage to. We agreed on some rules and agreed to abide by these and by these means hoped to remove the 'dialect' stigma (as we thought of it) so often levelled at the often widely different usages of this ancient and respectable literary language. Our problem was to agree upon a standard spelling so that an Aberdonian and a Borderer would spell a word in the same way while pronouncing it *sui generis,* just as a Lewisman will pronounce a word differently from a Cornishman yet both *spell* it the same in print.

After the publication of this 'Style Sheet' in our magazine, *Lines Review,* I myself was fairly consistent in following its proposals, but not absolutely. Some poets were more consistent than others, as might have been expected. Some, especially the older among us, paid no attention at all but just went on the way they'd always been accustomed to. At all events it was an attempt at standardisation. Leave it at that. In my own case, as time went by I tended to anglicise the spelling of words common to both lingos in the interest of foreign legibility, as Ramsay and Burns had done. (Compare, for instance, the Kilmarnock and Edinburgh editions of Burns.) Contrariwise, shall we say, a poet like Robert Garioch has tended to phoneticise more and more, in the interests of authenticity in the presentation of specifically Edinburgh dialectal pronunciation. Two opposite attitudes to the same language— or rather orthological—problem. We did try, though.

It is difficult to find the middle way. (Take a simple example: say, the word 'heart', pronounced *anglice* 'hart'—or 'haht', if you like; *scottice* 'hairt'. It was decided it should be spelled 'heart', as in German 'Herz', or French 'cherche', and such Scots words as 'wersh': but, alas, one found English or American or anglicised Scots reading it *by eye* as 'hurt'—as in English 'Bert' or 'certain'. Quite apart from the sound values, simple meaning may sometimes be distorted.) It is the difficulty of unfamiliarity with the *printed* word. The same poem *spoken* would be perfectly understandable to all.

Through the years my own practice has changed. I have been as inconsistent as any. I now spell 'heart' as 'hairt', for instance. What then of the present collection? Should I re-spell the whole lot in accord with my present probably only temporary convention or leave them as they were writ at the time, as a kind of historical record of the vagaries of fashion, one man's fashion? I dillied and I dallied and at last laziness won and I decided, more or less, on the latter alternative. *Explicatus est.*

S.G.S.
Edinburgh 1974

from
Skail Wind
1941

The Last Dusk

They stalk across with great insane feet,
The sombre beasts that walk the mind's grey corridors,
Ungainly camel-shapes with swaying brains escaping
Through the slammed doors of vision's corners,
Staying only quick-treading lonely moments;
But glimpse the terror in their lurching haste,
The pursed poison sucked from squandered vows, forgotten, old;
The bitter spittle forks through the branching lines
We call on when we search with eyes pricking
The antient mirage never reached; stunned back
With frozen lash on flesh weeping, the crystal shivered;
Some old who lived too long, some young too blindly,
Each all see beasts, receive their burden and black wounds.
Each all are doomed culpable, nor blame save tear-filled urns.

September 1, 1939.

A Day Apart

To Maury Meiklejohn

News tells of distant raids and unreal movements
But in this North Sea harbour the bruit is far,
From Leuchars the menacing shapes of planes
Become picturesque against the important sky
Whose tale is portending redness, day after night,
Like the funnels of the idle trawlers lolling at berth;
Here is no tumult nor horror nor evening editions thick as rumour,
Only sun and winds; eyes see, ears hear, only suck and splash of tides,
The flexible sea assaulting the harbour walls—
And yet, and yet, I cannot sleep. So is blind man
Lulled by happy sentences spiced with corrected peril,
Living his controlled laziness of credulous loyalty,

3

Who cannot glimpse beyond his page to-morrow's morrow—
Yet, yet, the new shapes grow from dreams, justice from sorrow.

Anstruther, September, 1939.

Lament in the Second Winter of War

Maun ever auld yirdit dreams disturb? Jist as ye're quiet
Couthy in a salt loch, loun, wi sleep?
Maun ilka couch o cynic ease (a bower they callt it aince, its noo the
    saul)
Bud yon rede heron scrauchin thro the hoodit ears?
Yir een maun watch the slaughtrous stramash, booted doom
Fae sleep wheer aa ligs broun as the snug deep howe o the womb
And oorie truth returns to ache lik snaw i the teeth
And naethin but crottled despair beneath.

All, all are gane, aa my prood yins; blin me that an ye can!
Aa the bright sterns o ma darklin lyft 're awa—
Auld Embro's bluid is thin, the bars 're toom
An cauld is her fierce iren hert, her black banes
Rigid wi cauld, the bluid's fell thin aneth the snaw.
Aye, my prood yins 're taen, the haill clanjamphrey noo,
My gallus cronies, aa my chickens piecemeal scoopt,
My drucken darlins skaillit, all are gane,
For the drouthy lech o war can neer be slaukit—
An the gangrel left, the skalrag; here lik Iain Lom, I'm left alane
Tae scrieve their deeds, my luve an tears, reid draps fae hert o a warld
    o stane.

    Nor wull ye wud me then, my dochter daith,
    Nor creep me tae my crepuscule wi dowie dule:
    Na, na, my queen; ye'll hae to bide a ween,
    I've vengeance yet tae verse afore ye ding thir een.

January, 1940.

Kinnoul Hill

For Marion

    Kinnoul Hill lies white wi snaw,
      The lyft is pale as stane,
    My burd's dark een 're far awa—
      It's dreich tae bide alane.

4

It's cauld an gurl on Kinnoul Hill
   As Janiveer gaes oot,
But neer a blast sae shairp an fell
   As whorls my saul aboot.

O black's the ice on Kinnoul Brae,
   Dark scaurs like wa's o doom—
But nane sae mirk 's this dumb wae
   That maks aa Perth a tomb.

My loo, I lang yir airms the nicht,
   My lane's sae fremt an drear—
An Kinnoul Hill stans bleak an white
   I' the goulin wunds o Janiveer.

January, 1941.

Hornie wi the Green Ee

"There's nae luve, childe, withoot a skaith."

Drear an dreich the grey flats steich of Dali's Sound
Wheer Solway casts this airm intil the rain-dim land
They ca the Mote Merk: tummlin past Rough Island, pounding Castle
   Ness
Wi a last tired scunner, conquered noo bi the driving mist.

Lourd is my hert by Dali Sound, wheer the sad tide bends
An peters oot in lang gray sands
Whaur the draibled dinghies lig on black reid-rusted keels
Masts leaning owre lik weary fingers wae for a warld o skaiths;
Aye, ben these rain-straikt hills is fowth o duil,
A land whaur the Goat has stamped his skinklin heels
An left his slot, black, charred, and stinkin o daith—
   Yin o them has scorched my kist
  By the edge of Galloway's cliff in a sleeting mist.

    Up on the brae ahint the shack
    The Gull Pond's white wi a clood o wings,
    Doon bi the Sound the skares're black—
    Its an oorie sang that Solway sings.

    The scrauch o the gulls belies their grace,
    A ferlie flight wi a warlock voice,
    The Gull Pond breeds wancanny weans
    Wha haunt the Merk on Hornie's ploys.

An weel I ken the faut I had
Tae think yir luve was strang as daith,
Noo Hornie's cracked a hert tae prove
Theres nae luve, childe, withoot a skaith.

Drag aa the bluidy constellations doon!
Close up the shitten heaven!
Theres nae God sits i the lyft abune,
Bi Hornie noo the warld is driven!

He's reift awa my dearest love,
Wha kens whit guid til him?
An Dali Sound is Hornie's ain—
The land he rules is grou and grim.

And here I stan bi the lang drowie firth i the hills
Watching the skarrach creep on Heston Isle; the eldritch gulls
Abune the birks wheel wailing doom-shill screams,
An the Black Yin's whispring in my lug, lauchin at ma weirdless
     dream;
The trees, tho claithed wi spring, drap dowie tears o a hertdeep wound
An the blinnin rain dings doon my saul that aa the drune o warburds
     canna stound.

Rockcliffe, Dalbeattie, May, 1941.

Ode to Hector Berlioz, 1803-1869

i

Royal bull, my curly fronted monster, music taurus,
Berlioz my frien, archangel, doyen o the storm,
Dervish o the rudderless lightning, eagle proud
As Lucifer from high hovenum hurled, his brightness bright still
Burnished glorious as your dreaming elegiac horns,
Great shadow, shade in your templed hell, your narrow mansion,
Pour out your tragedy, your striving sombre empery,
Assault oor bound wae herts maze-wildered weary o these tenebrous
     lanscapes
Fouth wi bitter harvests, dragon teeth; Lord——
See thae lanely spires whaes steepled spierings search still, pointing
Nailed strait lifted schire high pencil-pricked seeking to some lost
     season,

6

Spires whaes sauls, aye yours an mine, my master,
In their vast misty Valhalla,
May, hap shall, carouse, aye dream thegither; such my aspiring.

ii

Voices, throbbing choirs delirious in beauty were your phantoms,
Now frae hidden bields on this tattered map wild cries frantic wi fell
    rise
And fierce, O they're hautand too these last dark gangrels, dirking in
    dern,
Aching for belief now man lies bleeding, torn with 's ain crazed
    cicatrices, heed
Listen, Lord, O lead these groping hans toward the great fulfilment
You so plumbed, of beauty, so eager gript an held tho' barbed,
    negleckt; wi maniac heid
Held yet, huge an splendid the great fantice in yir magic hauns, yir
    skull,
Noo i yir nether kingdom creep inwith mine een, mine ears, caress
    these lips, inspire my heady songs, my Berlioz.

iii

Ill to-morrow dees in a dreich cauld womb tae be a stillborn spectre
Gastrous as lupus loupin near, so split yir luscious grins
Fat carpers pinned tae thowless yesterdays, and you my poet chiel wi
    doffed locks and een,
Sich een that see owre faur aheid leching the glaistig's glaumerie,
Maun ye recant, renounce love yer sweet daft ferie—
For aa yir dervish beauty reads is row o noughts, poor gull?

iv

Crazy rambling efter broken grails, cracked gowden bowls an tooers,
Each every held belief each crystal shattered i the eighth reid month,
And man, thon sorry mutton, hobbled squirrel, legless asp
Begs for dear kens whit hellish doom, certain as the humin touching
These near trees, whaes music a muckle giant's sighin
As wind-spate souchin saft i the keening wood the near storm whispers
Through whitening leaves torn like shrill banners, one way tending.

v

No, onlie tae the highest is there loyalty, the thronèd makaris,
Eh, maister wizard? You an your aristo kith terrible triumphant
As the gust-filled sails swoll'n with ecstasy,
Bird's grace, white wings owre the black waves' torment, freithin wi
    fury—
Passions o the restless haughty deid;
These watch for oor dawn; they too were cheated.

What answer is there master; eagle flaunter, whit dilemma's answer?
Ah how can I fin harberie, onlie the martyred unnamed heroes nod
    their blessings,
The mob suspect, reject; for luve in bestial health they gnash yir han;
Yet I loo, sooth I loo, but there's nae worth save in a little room:
Jist as the Bardie I'm proved wrang, 've hoped too high,
Yet cannae change, I ken my weird
A merlin may not mate wi corbies, mebbe he's feared.

vi

Atween high hills huddled crafty for sanctuary
In desolate crypt, oast houses, dookits, vagrants we squat waiting the
    blin pursuit
Licking frae ilka airt, grasses flattened, snatching tears frae new-welled
    een
Dashed tae the compass. Toom of ony god the ruined chapter hoose
Wheer fause guides yatter dope tae fules, echoes o the warrened
    madmen,
Dwynin population wheer saints builded granting place tae bellied
    tyrants
Volupts o spiritual arson, lechers, whaes broad cellars haud a cunning
    lear,
Noo the outlan's private dungeon his last eyrie, cousin tae the wiser
    rats
Ye're late tae exorcise; aye there's yir kingdom, Berlioz!
Aye, here yir strings flung screamin through the hallowed stones
    should play
Gloried poems through the crumblin naves wheer never children's
    voices clear as water
Shall rise singing mair, yearn wi lifted sweeping tae the absent rafters
Matching the ravished windows crimson aince wi rose-burst
Staring noo wi dazed sockets, wild blind arches
Greiting eternal tears whaur I sit hunched, cauld i the gaitherin nicht,
    sit sans hope, belief ir ony clue;
I last an secret o the makars, raggit an fearfu, kenning owre weel poor
    Orpheus' doom.

August, 1940.

Song: The Dark Days are by

O the winter's bin lang, my luve, my luve,
Frae this northern lan the sun's bin awa,
We've aa got weary o waitin, my luve,
        For the days of thaw.

O the nichts 've bin lang, my luve, my luve,
The darkness o Scotlan for aa these years,
But yon's the dawn liftin up, my luve,
      An the end o tears.

The trees' 've bin bare, my luve, my luve,
The fields 've lain black neth the lowrin sky,
But the green is bursting an spreadin, my luve,
      For the dark days are by.

O the glory's uprising, my luve, my luve,
Ye can hear Scotlan's hert pulsin fierce wi the Spring,
They'll not silence this music again, my luve,
      Howeer they ding!

For we've waited owre lang, my luve, my luve,
As they wha'd thwart an constrain us 'll see,
Aye, we've each the richt o a man, my luve,
      Tae gang free!

March, 1940.

The Samphire Gatherers

> ". . . . half way down
> Hangs one that gathers samphire, dreadful trade!"
> > *Lear. iv.* 6.

Far the green reeds sigh wi swayed estrangement,
And here this gaunt dry tree broods bent abune a stricken cliff
Wheer the last few crazy samphire gatherers cling
In wunds' wild boistery neth a torn black lyft,
An tossed gulls owre the rairin daze of foam
Dip screichin lik sea trolls, vultures for carrion come—
An the fingers o the searchin madmen caulder grow, grow numb.

Yet you'll not pluck these gangrels frae their dizzy pitch,
With aa yir rantin still they'll clim the dreamed
Fantastic antient cliffs ye thocht tae doom—
For the looed name's sake, maun I eat the yerth
Nor reach nor kindle stars yir wilfu blindness dimmed?

Through the soft grey deepening ash there glow faint embers' een,
Alive still in these desert depths stir thae hot seeds

9

Whaes buds I gaither here. Though bruised, forworn bi goulin belth,
Though your poised talons ding doon deep tae clutch these blizzard
    ledges
An your gushed bowel rage turn ilka mune tae bluid,
We'll yet, though fleered as mooncalves, haud this samphire cliff, oor
    keep;
Deemed mad or wind-drunk see us wiser than the warld, awake while
    reason sleeps.

May, 1940.

The Quickening No. 1

For John and Vivian Guthrie

Bend yir heid tae the moist earth, childe; lay your ear
    Tae the hiving land; do you hear,
Hark you, does the bluid rin there thro the drouth,
Childe, can you not feel the Spring trummlin quick frae the south?

Lift your brow tae the white winds, childe; in your eyes
    See the spurting nipples o May; an poise
Your cheek on my womb, can you hear a peerie hert
Beating below my ain, wi dreams frae anither airt?

    Aye, Lord, an wheer the land ends in cliff
    An the white gulls scream i the freith,
    Watch long the scorn of breakers, laugh
    Of Ocean's venery roaring beneath!

    See the yerth burst green, an the greit
    O the eager wean i the dawn,
    Feel in your ain bluid the sweet
    Gasped pain as a dream is born.

Bend yir heid tae the beating fields, childe; lay your han
    On the warmth o flooers efter hayr—
For the winter o stealth is deid, a green lan
Waves in its thoughtless youth. Weep nae mair.

1940.

The Quickening No. 2

A Rhapsody

Waves, green an' schire as tropic nicht, lick looing the gowden beach,
The wide bay dreams expectant i the skinklin noon
Flirting wi souchin zephyrs fling the snaw-cauld freith
Portending the fouthy sleep o simmer's swoon—
But i the sun's a peerie skean, the pain o sweetest strife
For a' the rollin landscape roon is breerin, childe, wi life.

Swill deep, my breengin yerd, yir reid warm hert wi spate of ale,
Yir acres roond as baggit wames glut fu, ah sweep
O shriek the buds split singing all of luve; my passion's gale
Is swift an mirk as iver screamin shingle; a' the seas my beaker
    leap
Yir tinglin brinks an spin the cokkils' hail oh shairp tae sun—
My rantin joy, ye're wud wi pooer, see Spring thon frantic mounte-
    bank is come!

Abune the plunging mountain crests sol roars his brassy gong,
The land is daft wi drucken sap, the forests dazed wi song.

1941.

Song: The Train frae Brig o' Earn

The-nicht the humin's biding lang,
    And owre the Ochils
Not grey as we've had
    But blue, deep blue ayont the hills,

Still white wi the last of snaw
    Tho its thawed the strath a' through
Wheer the sad Tay slips awa;
    But the lyft is a heathen blue,

Like a Mediterranie nicht
    Ahint the roondit hills;
The nicht is sair displeased tae fa'
    On the white Ochils:

Now Glenfarg is past, the train
  Draws me ever nearer my doo;
Bare an hour tae Embro left
  An' the dear dark een I lo'e.

February, 1941.

Song: The Steeple Bar, Perth

O it's dowf tae be drinkin alane, my luve,
  When I wud drink wi my dear,
Nor Crabbie nor Bell's can fire me, luve,
  As they wud an you were here.

O I'd drink wi us aa again, my luve,
  As we aa did yester year,
But me buckos 're scattered afar, my luve,
  An I greit intil my beer.

Wi my third I'll drink tae oor Denis, luve,
  My fourth great John's, the bauld an steir,
My fifth auld Hector's, the rebelly carle,
  An my sixth tae oorsels, my dear.

And noo I've forgot dear Bonz the mad—
  Wud the Pawky Duke were near,
So he'll hae the seeventh, the darlin lad,
  And again tae oorsels, my dear.

My brains 're fleein, I cannae think
  O' the dizzen ithers I wud were here;
Tae Maury the neist wee Bell's I'll drink,
  Tae Dauvit a pint—an I'm sunk—gey near.

O I'm gettin a wee thing fou, my luve,
  An donnert an like tae fleer—
For, jeez, it's dreich tae get pissed, my luve,
  Wi nane o my looed yins here.

March, 1941.

12

Epistle to John Guthrie

We've come intil a gey queer time
Whan scrievin Scots is near a crime,
"Theres no one speaks like that", they fleer,
—But wha the deil spoke like King Lear?

And onyways doon Canongate
I'll tak ye slorpin pints till late,
Ye'll hear Scots there as raff an slee——
Its no the point, sae that'll dae.

Ye'll fin the leid, praps no the fowth,
The words 're there, praps no the ferlie;
For he wha'ld rant wi Rabbie's mouth
Maun leave his play-pen unco erlie.

Nane cud talk lik Gawen Douglas writes,
He hanna the vocablerie,
Nor cud he flyte as Dunbar flytes—
Yir argy-bargy's tapsalteerie!

Did Johnnie Keats whan he was drouth
Ask "A beaker full o the warm South"?
Fegs no, he leaned acrost the bar
An called for "A point o bitter, Ma!"

But the Suddron's noo a sick man's leid,
Alang the flattest plains it stots;
Tae reach the hills his fantice needs
This bard maun tak the wings o Scots.

And so, dear John, ye jist maun dree
My Scots; for English, man, 's near deid,
See the weeshy-washy London bree
An tell me then whaes bluid is reid!

But mind, nae poet eer writes "common speech",
Ye'll fin eneuch o yon in prose;
His realm is heich abune its reach—
Jeez! wha'ld use ale for Athol Brose?

The Refugees: A Complaynt

A Complaynt

> *"Poor naked wretches, whereso'er you are*
> *That bide the pelting of this pitiless storm,*
> *How shall your houseless heads and unfed sides,*
> *Your loop'd and window'd raggedness, defend you*
> *From seasons such as these."*
>
> Lear. iii. 4.

i

The little auguries, the peerie yins, are limping, sobbing
Drag torn feet atween the ramps o ruin, cobble deserts,
'S bricht as pools the lifted setts i the skime wheer lamps did glink
Afore the madness burst its fevered mountain
An poured a scalding spleen on eyes grown tired,
Tired? Aye weary o watchin ravens, omens blin wi blackest cones,
Storm-drums thick as sunspots on an autumn noon.

Yet barley bree will chase thae peeries, eh? Thae doubts?
Knock them lik lice ir wasps? but hint
Looms large as the yellowing mirk warns the tossing drifters,
Vast on the misty edges of sea a lowrin tourbillon
Sits the monkish cloud of inborn doom, ahint the fallen starnies
An deep wheer whisky'll not fire you; neer it cries
Nor stabs you—only it stirs its mort cauld limbs hurting ahint your
    eyes.

ii

My tears hot edged as dirks corrode my flaking warld,
Would scourge the innocent plants frae their complacency
Whaes leaf, their fronds lik hans owre seldom offers shieling;
O malignant suns! whirling like Fawkes' crazed een or Faustus' magic
    circle!
In shards the poor globe desquamates
Losing the surface layer of a winking justice;
Ayont there shrieks the weeping banshee, tears lik darkest bluid
That swollen udders lowsed on the steaming flagstanes ne'er can
    soothe.

A dun greit lips the spated roads, the scarted lesion,
Trauma torn bi condor claws, yet man's for that; its track
Scabbed reugh wi bundles of the dropped, the deid,
Who lie, will rot, mak dung for vengeance, I'll repay, these seeds'll
    burgeon—
Each smudged corp wull have his blossoming, a fruit,

A Spring howso delayed—a fearsome crop to sow, an dire tae reap,
Aye terrible, gin the mongers tire of lusting, een too reid wi pain to
   weep.

iii

They leave their daiths ahint as fire its skeletons
I' the sick south there in London's cessy gullet wheer sauls ev'n in
   peace decay,
Now they are spat on by expected fanfares, daith for finale;
As blinded muttons in a kerbed road's panic see them vaig
Frae their drab tairgets soon tae rubble, as the humin gaithers, laden
They walk slowly, some wi cracks, theyll no admit the white saft fear
Closing lik kelpies' manes across their throats, their wames,
For that's their lear, hoping return will see a room
Not bricks piled crazy on anither's tomb.

Their faces in the papers are not always cheerful;
There, is a mither greitin on a step, drawn mouth and eyes wrenched
   wry wi anguish,
Her wean absorbed in watching, all unkent his orra weird;
There, a young man, labelled brave in blue stands donnert dazed 's a
   quean;
Again, a hauflin, all alane, bent ower wreckage, spiering whit dream o
   tooers ir tragedy,
Whit brither has he noo for a' that, the puir doomed fodder?
Aye, theres ithers too than laughers, fearers of self's fear, you an me;
They join thon fell grey press, the listless trail
Alang the roads o Europe oozing a' these years, a bad flux—

Across the drouth of Polska's steppes a black sun burned ye,
Mows o brick gouped arid neth a brazen lyft,
In winter rashed wi cavaburd, snaw-dinged tae deid white tumles:
Norroway, you knew them, hardning slowly i the hayr—ev'n yir ice
   wept!
The brown roads of Espanye too, tear ducts clotted wi dark gouts:
A ragged haemorrhage the bent tregallion thrang frae German camps
Frae Oesterreich an the Bohemian hills; poored cluttered doon the
   Belgian roads
Tae pauvre belle France—yet a' tae find mair whups an wheels in wait
While featherless vultures heich abune the heaping carrion hing,
Pyres of bonedust kindlin fast a phoenix nailed wi hate.

Again, again, again; a traik o packmen, snails wi a' their warl
   compressed
A million microcosmies drifted frae a scubbled cycle—ah the pity,
   pity o't!

15

In London noo; an mebbe soon, my Reekie, through your cobbled
    wynds,
Crost your muirs, my Bardie's Galloway, the limpin caravans,
Biel be sought i your reuch corries (praps bi me);
Aye Scotlan, dear my loo, as sick man's artries your roads too wull
    teem
Wi oor new ailin here: the lost, betrayed, the innocent, the broken
    ends
Of mania we'll not likely eer outgrow, oor godheid's pawned,
Oor spirit's treasure broke, the legacy mebbe irredeemable—unless . . . .
O wheers the hope; yet is it there, deep i the netherst fibres; or are
    these dreams?

O weep, weep, my hert! But God what guid sall weeping dae?

iv

These have nae hearthstanes, tread the mapamound itsel, whaurever
    death loups low,
Rout of dumb martyrs, the mute inglorious crucifeed—
They have nae historians, onlie this puir complaynt, my tears;
But, too, my fury, and O God—a hope? Yes! Ah no, that's past; but
    yes!
How can I tell? I am but the medium, a disembodied voice
Forgone, a different outcast, while ithers tak their active pairt,
Watching in silence, crying in space, absorb in dern a million's pain in
this poor wreisted hert.

You have become, though its cauld comfort tae yir agony, a symbol,
The black erupted pestilence they yince controlled, the mongers;
Yer mirk Gethsemane the wilderness inhabited owre lang
By ilka gangrel, fugies frae an epoch's pain,
You are the daiths in ducts wheer festered a' the wounds
O' a generation's story. Oppression, the garotte, the easy massacre
Of body's breath or what strange spirit's struggled gasping;
A' their werks 've had lang pooer while outlaws,
You and I in ilka subjugated land or rank hae twisted
Turned an lurched ti ease the bite of weal on flesh or saul
Inwith the fences cunningly contrived, screens tae dowse the licht,
The muffled eardrums, gaggings, opiate for food, hypnotic comfort.

The rock-dulled embers bubbled, ripped the neighbour prisons raff wi
    packed infection,
Gushed the painfu craters rich as anthills; aye the dreid pus raled, the
    lava
Black and slow alang the arteries, thae trauchled throwgangs, routes o
    trackit dule for a' ti see;

Noo its in England, slouching nearer, Alba, tae you whae've had the
  poison
Germinating there, neth yir dozent pelt, dulled bi poultices, ye dowless
  fule I loo—
Ah God whit is this blethers tae the waefu stound it draws frae,
God whit can a poet chiel whaes words are fleered
Whaes haill existence is the outlin's, clung tae 's cliff
Wheer fell winds pluck him, rave his limbs desiring *his* daith too,
Whit can he dae save cry this sabbin coronach agin the gastrous stour?

But he's your speaker, skalrags; he one tae, the single yin,
Lane hunter in a warld o thowless lackeys drab-dressed wi a worthless
  badge,
Hauding his little room, his peerie independent fantice, circuat
  kingdom
Whence he calls, O God through bars, tae you whaes skaiths are his:
He'll get nae thanks, nor change a tittle o the cheatrie—
Yet at the end your single kith, friend though your folly spurn him;
Yet he loves; youll feed him gravel, yet he dreams; he loves;
Another waif, me, watching in silence, crying through the powerful
  merk,
In dern absorbing a million's pain in this puir wreisted hert.

v

O I hae seen them, staiverin crost the wa's o my room,
Puir creepin beasties makin pattrens on my eyes,
I see them in the tummled leaves that sworl there neth my winda
Driftin fae the raggit trees plaintive like spent promises, an spun
Alang the gutters, sweppit bi great gusts acrost the empty Meadows,
Mushed in rain bi oblivious feet, cast intil windy vennels; a' their glory
Of gowd an tiger reid an the broun lowes o deein bracken 'll not lift
  them—
They are the lost stumblers, the human autumn fleein tae wintry daith
  their onlie harberie.

I hae seen them in my fire, I see them now as the last coals settle
Bleak and black i my deein grate, the charred remnants,
Broken orts of men and women and weans—the pity! O my loo
Sleeping a child sleep i the room next door, how 're your dreams?
Do you see them stalking? The bony een o daith and hunger?
Do they strummel crost your sleep, the sweet oblivion a' these weeks
  denied me?
And, Christ, it micht be you I'll see, beside me in the road amang the
  leaves.

I sit here sleepless screivin thae lines, nursing the pain o the refugees.

17

Aye, Alba, you ken weel! Your crofters aince were brunt fae glens
An fouthy straths tae the astren shore; the swallowing ocean;
Poored alang the southron road wi their auld tongue a taint;
Were shot or starved whaur they stood in testament of ithers' guilt
When sheep (or coin) were mair than man in worth—are now, my
    childe.

These are the same, and owre the cloud-hung warl the same,
The outlans, resting by hedges, hunched at temporary peace
(Aye peace that e'en a man may fin when driv'n, tense for survival)
In doorways, or hovel fae the wind made warm 'gin the blyte that gars
    him sair,
Eking their agony for ocht but further wae, the end is aye the same,
    no end;
They are the same I say what tongue they clack, they are the same—
They have no end, no base, theirs is the limbo, theirs the despair,
They are oor crimes, the motiveless victims, they the unnamed
Voiceless yins whaes cries drune sleepless in man's faineant ears.

But know your name is legion, dauntit rabil, your grou weals 're
    marlin
The tragic lans, a cowed strength hiving, yours the silent feid
Tae graith inby a turning skean;
For you are rebels by your suffering as makars by their act
Wha 'gin the massed conformity build inner keeps tae haud their hated
    dreams
(For a' these years 've thrashed you too, my childe, wi ither thongs)—
Aye some day you shall turn, Dear kens when, but some day;
You'll no greit then, no, but scream yir awful accusations lik a sea,
Your cry, O God I hear it, screich the brangled warl tae targats, your
    reid tears
Wi talon's truth rive up the veils o buckram, drouthy gags—
An bluidwyte tapped frae ither herts sall pay yir dreichlie dule o years.

    I know it, I can see it, hear thae cries—
    O if all else fail at least mak' sikkar this:
    That man's injustice shall at lenth find you
    Whae dreed it sair repel it in his mouth, an from your eyes
    A glazed rebellion that wull tak nae promises
    But onlie the fearfu dronach price that is yir merest due.

      Here my complaynt is done
      And ken I fine its aiblins jist begun.

October, November, 1940.

from
The Wanderer
1943

The Ballad of Peter Morrison

Tae his Memorie

The last he was o a gastrous wraik
Whaur Atlantic gowls bi the Hebrides,
Endlang the coast they herd the brak
As the puir ship focht the gurlie seas.

Driven alang throu aa the nicht
Snell wi tempest; wund an rain
Droukit the thrang o weemin traikt
Frae beach tae beach wi prayrs for their men.

Oh aa were drouned, twa hunner saul,
Nane cam back but a hauflin chiel,
Peter Morrison he alane
Tae haud for aye the stound in his brain.

He got tae be an enemy
O' Gode an his chosen earthly few—
O' Gode for the wraik, and Authority
Used bi men sans ruth nor loe.

Sae he poached his meat an fiddled his sangs
An drank lik a cod an a drouthie drain,
A skalrag saul he waifed alang
An cursed the Mongers in howff and hame.

"Daft," they greed, the dour douce folk,
But "King o the lost an proud," said some;
The Grand Yins tried but neer cud nick
Peter wi fiddle an snair and gun.

21

Ae nicht he drank in a lane shebeen
Wi his gangrel cronies, a crousie pack,
They drank till whusky grat fae their een
Wi rebelly sang and randie crack.

Whan Peter dwaiblit oot alane
Aa the skinklan nicht wi his glory rang—
"I lea ye ma blessing whaureer I'm gane,
O lass wi the ferlie hair," he sang.

But Peter tripped i the drucken nicht,
And there they fund i the cauldrife morn
The sang on his lips blawn oot lik a licht
An the outlan deid wi his heid in a burn.

Explicit Peter Morrison

Peter, ye bard, ye gangrel, king i yir clouts
As a gangrel aye shud be,
Ye haud the ainlie truth o the proud,
Man's need for libertie.

Ye're ilka conquest, Alba; as bard is ilka man
Ootcast, or burdened, or in chains;
Baith maun hain a raucle lear,
Baith strauchle alane.

Ye didna dee i the burn yon nicht
For aye yir legend stands,
The truth that fired yir rebelly hert
Is dirlan throu the land.

Ma tale is duin, the clouds wull shaw
Or nicht or daw wull be,
Nane but maws that fleer the storm
Win tae harberie.

> Frae the wise mools
> O' gullrife Lews
> Peter Morrison
> Cries "Warison!"

The Rossignel

A Sang for Kitty Macleod

Black winter happit Embro sair,
  The haar deil-lowpit doun the wynds,
Aa Scotlan bleak wi grugous hayr
  An boggarts thrang in ilka mind.

Frae yont the Minch I herd a sang,
  The yatteran burns, the rairan swaw,
Atlantic gowls 'gin Lewis skares—
  I herd the rossignel throu aa.

A burd-sang frae a trummlan breist
  As schire an pure's the rossignel,
Whit thochts cud ding, whit terror wreist
  Yir sangrife lips cud no dispel?

Fling aa yir glaumrie roun ma heid,
  Dirl ma hert whaneer ye will,
Jist ope yir mou, twa lips o reid
  An aa ma saul wi ferlie fill.

Twa lips, a thrapple o trummlan sound
  I herd frae Lews, the wunds were snell—
Oh I'll haud throu crack o the mapamound
  Thon nicht I herd the rossignel.

For my Newborn Son

Blythe was yir comin
Hert never dreamt it
A new man bidan
In warld whan I've left it.

Bricht was yon morn
Cauld in September
Wi sun aa the causey
Glentered wi glamer,
Slate roofs lik siller
Schire-bleezan yon morn.

Hert in ma kist lep
Joyrife its dirlan,
Bairn, whan oor lips met
Yir mither's ware burnan,
Weet ware oor een then
Puir words downa tell it.

As hert never dreamt on
Was joy in yir comin,
Maikless wee nesslin,
Ma sleepan reid Robin.

September 16, 1942.

Sang: Ma Moujik Lass

Ma hert is lowpan owre the trees
    An fleein wi the wund—
Ma lips're weet wi barley bree,
    Ma hurdies hug the grund.

The lass I loo has turned awa,
    Tae me thon hert's a stane—
But fain I'd hae her flint an aa
    Than bidan here alane.

Some airt the linties maun be singan
    Here the wuds are toom—
And aye the rain is dingan, dingan,
    Dingan on the toun.

O fain I'd loo ma moujik lass,
    O fain I'd haud her breist—
I've nocht tae haud but a whusky glass,
    A gey wanchancy feast.

O dreich's the exile here I sing,
    The lyft is mirk aroun,
And aye I hear the raindraps ding,
    Aye dingan on the toun.

24

The Deevil's Waltz
1946

Reason and the Hert

A Sang-Quair for John Guthrie's music

I. The Lane Hills

Lane as the hills
Ma saul the nou,
The gray wund's shrill
Wi the want o you.

Lane as a whaup
Wheeps on the muir
Ma hert's bell claps
In a fremmit touer.

Lang the day seems
Lang the nicht ere sleep
Gies me dreams
That near ye creep.

Lane lane I'm nou
And sae shall be
Till the slaw days draw me
Back tae ma lo'e.

II. Whan the Hert is Laich

Lamb, whan the hert is laich,
Lourd wi the haill warld's wecht,
A boulder's whare the hert should be,
A muckle stane that burdens ye.

27

Ye sit like a cairn o stane yersel,
The burds' blye sangs ye hear wi laith,
The saikless burn rins doun tae hell,
The aince-luved trees a choir o daith.

An whitna cause ye canna tell
Nor casting reason bring release,
Ye sit like a stane an watch the hills
That mock your thrawin with their peace.

III. Reason and the Hert

Hert, ma hert, forgae
This dirlin o ma saul,
Ye steer ma deeps til a reel o flame
Like a smashed coal.

O mensefu reason, speak
Abune the hert's wild sang!
For why can reason neer defeat
This hert for lang?

My infant hert, forgae
This thrawin o the deeps!
Dispeace is aa the gift ye hae——
Gin the hert would sleep!

IV. Whan the Hert is Licht

Ma drouth is gane and past the nicht,
    I'm dune wi jail the nou,
Ma hert's abune wi a laverock flicht,
    A blye burd daft wi luve.

Ma thochts are whiddan owre the hills,
    Ma een see nocht but you,
Ma luve dirls fou's a rairan gill
    An rife wi sang's ma mou.

Ma drouth is gane, the nicht is past,
    The prison waas are doun—!
A lowsit bird maun seek his nest
    And I ma ain white doo.

"Hert's kennin is the price o pride,
Hert's flauchter is the faem's wud spiel"
—Thae lown strang words like sleepless tides,
I ken, I ken them ower weel.

I ken! —— och, whan the hert is stecht
An cauld is the bluid an the saul is freed;
Then reason wi a glacier's wecht
Thunners in the how-dumb-deid.

I ken, I ken; O wha can flee
White reason's icy richt?,
O wha can flee, but wha can heed
Ye that speak in the saul's lang nicht?

Prolegomenon

The Deevil's Waltz

Rin an rout, rin an rout,
Mahoun gars us birl about,
He skirls his pipes, he stamps his heel
The globe's gane gyte in a haliket reel.

There, the statesman's silken cheats,
Here, the bairnless mither greits,
There, a tyrant turns the screw,
Here, twa luvers' broken vows.

Enemies out, enemies in,
Truth a hure wi the pox gane blinn,
Nou luvers' lips deny luve's name
An get for breid a chuckie-stane.

We kenna hert, we kenna heid,
The deevil's thirled baith quick an deid,
Jehovah snores, and Christ himsel
Lowps in the airms o Jezebel.

The sweit that rins frae his thornèd brou
Is black as the staunan teats o his cou
In the waltz o tears, an daith, an lies,
Juliet's fyled wi harlotries.

O luve itsel at Hornie's lauch
Skeers lik a caunel i the draucht,
The dance is on, the waltz o hell,
The wund frae its fleean skirts is snell.

It whups black storm frae lochan's calm,
Sets banshees in the house o dwaum,
Gars black bluid spate the hert o me
—An watters guid-sirs' barley bree!

A few damned feckless fanatics
Wad halt the borneheid dance o Styx,
Their cry o truth the whirlwind reaps,
For pity's deid, and mercy sleeps.

Orpheus alane dow sauve frae deid
His ravished Bride gin but she'd heed—
Ay, truth an luve like Albyn's life
Hing wi a threid, kissed be a knife.

Ilk derkenin owre some huddered toun
The pipes an fiddles screich an boom,
The cauldron's steered by Maestro Nick
Wi a sanct's shin-bane for parritch-stick.

He lauchs his lauch, the angels greit
Wi joy as they dine on carrion meat;
Ablow, bumbazed, dumfounered cods,
We seek the starns in dubs an bogs.

Oor ingyne's deaved, oor mous are shut,
Oor saul contract like a runkled nut,
Een cannae see the trees for the wuid
An hert is cauld for want o bluid.

For want o luve we live on hate,
For want o Heven praise the State,
For want o richts we worship rules,
For want o gods the glibbest fules.

Obey, Obey; ye maunna spier!
(Libertie's disjaskit lear!)
While Cloutie pipes it's crime tae think,
—It's taxed e'en higher nor the drink!

O, rin an rout, we birl about,
Tae the rhythm o the Deil's jack-boot,
Black as auld widdie-fruit, Mahoun
Bestrides a kenless mappamound.

Hallowccn, 1943.

The Fairy Man

The nicht is mirk
The house is toom
O, gowls the wund
Atour ma room.

The house is deid
Daith's sib tae sleep
The rain dings doun
The nicht is deep.

"Come ben, ma dear
Wi the glentan ee,
Why should I fear
Whit thou wad dae?"

He's up the stair
But maks nae soun
He's in ma room—
An the wund dees doun!

He taks ma haun
An fell's his grin
The souch o his breith's
Like a rairan lynn.

O cauld's ma hert
O mauch's ma brou
His oorie breith's
Upon me nou.

"G' awa, g' awa
Ma fairy man,
Ma hert is cauld
I wad ye'd gang!"

But neer he'll gang
He's aye yir ain
Whan nichts are lang
An thochts are lane.

Spleen

Steir bogle, squat bogle
Bogle o sweirness an stuperie;
Wersh bogle, wae bogle,
Bogle o drumlie apathie;
Thir twa haud this fule in duress—
Malancolie, Idleness.

In duress vile ye muckil fule,
Cock o yir midden o sloth an stour,
Geck o the yill and a restless saul
I dwaum lik a convict, dowf an dour
As the runt o a riven aik
Whaur ghouls can sit till their hurdies ache.

The westlins sun, reid owre "The Golf",
Fluids the Links wi glaumerie;
I sit wi ma bogles dour an dowf,
Idleness an Malancolie;
Like a braw new penny Sol dwines doun,
Fou lik ma hert—but the saul toom.

In Time of Deepest Wanhope

In the nicht's lang sabbath there's ae leid I hear
Mang aa the thieveless rants o demonrie,
Daith throu the fell stramash aye speaks me fair,
Timor mortis non conturbat me.

32

He gars me trulie tell "Whit hauds ye here?
Whit is there nou in life can gie?"
—I've quafft the quaich tae lees, gang I hae nae fear,
  Timor mortis non conturbat me.

My sangs are sung, ma hert is faur frae here
And in ma saul is nocht but langerie,
The days are lang, the nichts are langer mair,
  Timor mortis non conturbat me.

I'll no can bide with my ain hert nae mair,
Frae oot this quaukan moss ma weird I'd free,
The play is dune, the girnan angels fleer;
  Timor mortis non conturbat me.

Ma stane heid cracks with thochts I cannae bear,
O tous les livres sont lus, and wersh are liquor's lees,
The curtain faas, an I've nae verses mair;
  Timor mortis non conturbat me.

Daith, tae tak me in ma bed the nicht, ma fiere,
Wald be the gift I maist wad hae ye gie,
For truth tae tell there's nocht tae haud me here,
  Timor mortis non conturbat me.

The Scaur

There is nae luve, I ken,
Wantan a skaith; but whaur's
The luve can ever ban
I' the weary hours
The bludie braird o an auld scaur,
Thocht deid, that jags again?

Whan thochts rin free
Reid-wud lik wolves
Throu the bleezan-icy trees,
Shaw me the puir skirt-feifit fule
Outrins the teeman scaur o luve,
Thocht deid, that niver dees.

Sang: *Lenta La Neve Fiocca, Fiocca, Fiocca*

For Marion

Slaw, dear, slaw the white flakes faa,
Slaw the snaw,
O, white it faas,
Across ma windae peerie paws
Frae a murlan yalla lyft;
I, in a dwaum reift,
Saw there gleen
Throu snaw-freiths twa dark een
Saft an deep wi kennin,
Lamb, but faur, sae faur
Frae me this humin,
Eastlins horror-reid wi war,
White here wi snaw.

January, 1942

Five Blye Sangs for Marion

I. *Sweet Womankind*

Ma hert is deid wantan thee,
  Wantan thee I dwine,
O whaur in God's ain warld would I be
  Gif thee I eer should tine?

But O my luve she says tae me
  "Throu thee the whiskies reenge,
A pound ye had whan out we gaed,
  Ma hinny, whaur's the cheenge?"

A curse on aa sweet womankind
  The couthie wycelike crew,
I curse their daft philosophie
  —But och I lo'e them too!

An truth it is, ma dearest lass,
  Tho fou I be the nicht,
Wantan thee I'm a tuim glass
  An black is the braw munelicht.

34

II. Falling Off a Log

O green's the spring, ma hinny,
   Alowe in ilka tree,
Green as the luve has burst atween
   Ma hinny burd an me.

Ay, green's the warld, may hinny,
   That owergreens oor nest,
An green the sang is rinnan—
   In ma hert it downa rest.

For green's oor luve as the liltan spring
   Gilds ilka leaf sae schene,
An green the lee-lang praise I'll sing
   Till I'll maun steek ma een.

III. Sang o Glaidness

Ae clap o a bell sets the tuim glen ringan,
Ae note o a burd sets the haill wuid singan.
Ae thocht o ma doo an ma hert is dingan
   Ma lugs wi luve o ma dearie O.

Ae gless or twa skails the dule ye're dreean,
A third an the mirk aroun ye is deean,
Ae thocht o ma lassie ma hairns are fleean
   Wi luve for ma doo, ma dearie O.

Sae ring ilka bell, fill up aa the glasses,
Let aa the burds sing an lets lo'e aa the lasses,
Auld winter is gaun an the cauld nicht passes,
   The morn I'se be wi ma dearie O!

IV. I Lo'e Ma Luve in a Lamplit Bar

I lo'e ma luve in a lamplit bar
Braw on a wuiden stool,
Her knees cocked up an her neb doun
Slorpan a pint o yill.

She talks an unco orra clash
But och it glads ma ear,
There's some may wale a wycelike lass—
Gie me ma daftie dear.

35

In the muckle mirror hint her heid
Advertising barley bree
Ye'll see nae highbrow, jist a burd
That's dear as life tae me.

An whan we're baith hauvers fou
Hamewith crost the Links,
Airm in airm we're daft eneuch—
Why blame it on the drinks?

C'awa ma dear, a pint o yill,
May hinny lamb, ma doo,
An clishmaclaver aa ye wull—
There's nane I'll cheynge for you.

V. Words for the Tune of Greensleeves

Greensleeves waunered throu the snaw,
   O ma winter lassie O,
Snaw flakes mang her curls did blaw,
   Greensleeves O ma dearie O.

A green burd flew intil ma airms,
   O ma winter lassie O,
In ma hert she'll tak nae hairm,
   Greensleeves O ma dearie O.

She cam tae me frae out the snaw
   O ma winter lassie O,
Frae ma hert she neer wull faa
   Greensleeves O ma dearie O.

Can I Forget?

Can I forget the sickle mune
Owre Largo throu the driven clouds,
The sea lik bylan milk at oor feet?
Can I forget the snaw aroun
An the tent-flap lik a gun boom
Whan the wund tuik it?

Can I forget the wolves' houl
Famished rinnan throu the toun
O' haar an wund an lamplicht?
Can I forget the staucheran news
As Christ received the Spanish doom
An nocht tae dae but drink o nichts?

Can I forget ma black wound?
Kirkcudbright, may ye be dung doun
An damned, Dundrennan too!
Can I forget, (Och, never!) a luve
Crottle in my twa haunds tae stour,
The rose o ma hert wormed wi rue?

Can I forget the Solway flows
Gray as daith, or the worm i the rose?
Whiles, whiles; but it bides its hour.
O, thornèd nou, hert's fanatic pouer
Strang as the skaith it stranger flouers,
The skaith's a meisure of the luve.

Can I forget whit the saul can prove,
That luve is bricht as the skaith is dure,
The skaith is deep as the luve is hie?
Can I forget I'll neer can lose
Twa tyger een nae mair nor those
Lang houghs lik the silken dunes o the sea?

Can I forget, ma luve, ma luve,
Havana thrang wi drunken fules
And ye amang them, lauchan queen?
Can I forget, ma luve, ma luve,
Strathyre's muckle bed in a wee room,
White breists lik hills i the mune's lily leam?

Can I forget the gifts o you,
The music that's the wine o luve,
The birds' wild sea-sang in yir hair?
Can I forget, ma pouter doo,
Voar an hairst an winter are you,
Sun an mune an the warld, ma dear?

Hymn of Luve til Venus Queen

Queen o sun's bleezan pride
Queen o mune's secret pride
Queen o starn's saikless pride
    Venus queen, tak this leid,
For Naoise and his Deirdre queen
For Paris and his Helena
For Egypt's queen and Antony
    Venus queen, tak this leid.

Nae life is, but in luve
Nae guid is, but in luve,
Nae truth is, but in luve,
    Queen of luve, gie us luve,
Nae blytheness, but in luve
Nae tresour, but in luve
Nae fairheid, but in luve
    Queen of luve, gie us luve.

On land nae riggantree
On sea nae harberie
Frae storm nae deliverie
    But in luve,
In dule nae comfortin
In dout nae resolvin
In peril nae hainin
    But in luve.

Wantan luve is menseless
Wantan luve is thowless
Wantan luve is weirdless
    Gie us luve, queen of luve,
Wantan luve is undaein
Wantan luve is unkennin
Wantan luve is unbein
    Gie us luve, queen of luve.

Wund ryses, trees souch
Storm lowers, cocks craw
Luve cracks, man dees
    Hain oor luve, Venus queen,
Thunner dirls, beasts hudder
Levin skitters, bairns chitter
Luve funders, gode greits
    Hain oor luve, Venus queen.

Sun ryses, laverock's glorie
Mune ryses, rossignel's glorie
Luve ryses, God's glorie
    Glorie til thee, Venus queen,
Hunter's horn, hart lowpan
War's pipes daith lowpan
Luve's drum, hert lowpan
    Glorie til thee, Venus queen.

Man ohn luve is walkan neep
Man ohn luve is langelt stot
Man ohn luve is hauf man
    Luve is ane gowden croun,
Man wi luve is potent prince
Man wi luve is laurelled bard
Man wi luve is throned god
    Luve is ane gowden croun.

Man alane mocks man
Man thegither mocks God
Man an mate mock daith
    Queen o luve, tak this leid,
For Naoise an Deirdre
Cleopatra, Antony
For Marion an Sydney
    Queen o luve, tak this leid.

Prometheus

Nou freedom fails in field an wynd
A certain pattern haunts ma mind
O' man's impassioned protest killt
By the owreharlan pouer that Fate
Gies gratis til the tyrant's haund
Tae dumb truth's peril til his state;
Wi fleeran crest it aye maun tilt
Naukit at armoured ermined hate.

On a black craig in hie Caucase
Prometheus hingan nicht an day
Sees whaur royal Deirdre sleeps
Wi Naoise and the hammered knives,
Sees Conachars aye come and gae
Wi sword an traitorie an gyves;
And aye re-echoes steep til steep
The price o yon Titanic pride.

He sees the tragic cavalcade:
Wallace gralloched and castrate
Tae pleisure Langshank's splendid whim,
Sees Braxfield lauch an the hevins blench
At Muir's fell doom tae Botany Bay,
Kens nocht but bluid can ever stanch
The guilt-bluid John Maclean saw rin
Frae heid til foot o the High Court bench.

But dumbed in daith is deil a mou
O' these, of aa the martyred crew
Their restless weird mang shaddaws dree
Wi Fletcher's prood prophetic hert
Forgot, negleck't—but minded nou
Whan truth's deep winter smoors the yerth,
Their words throu tyrants' screichan lees
Furthspeak lik drums in freedom's dearth.

An whit o the untamed few amang
The quick wull heed deid's raucle sang
An spurn the lolly tyrannie
O' Greek gifts thirls our fowk the nou?
Shall they jine the tragic thrang
Withooten ootcome, martyred too?
Historie says Ay, but we
Wad croun the Titan's brou.

The Viaduct

The fowr-airched railway viaduct
Rears abune the Largo road,
A man leans owre the parapet
Titanic i the humin-scaud—
Godlike, spieran, miscontentit Man,
The elemental figure stands.

Possessed o an immortal saul,
Lord o the yerth an the seeven seas,
Frae Gode's ain lyft can wrack his will,
Stauns silhouette in majestie—
The royal shackled carrion,
Spieran a tashed millenium.

Bairn o historie, luiks doun—
Heir til the lang-kent truth o the fowk
Leart i the cradle tae be corrupt
By a slee system ere he's grown—
Bedevilled, spieran, ignorant, unfree
Surveys his riven legacie.

Sahara

I

Inexorable on ye stride,
Fate, like a desert wind;
Agin yir vast unpassioned pride
I pit ma saul an haund,
As the wild Bedouinn
Tykes gowl at the muin.

II

March, ye luveless Cailleach, blaw
Til the dumbest mirkest end,
An whan the yerth's a blastit skau
As toom Sahara brunt an blind
There, daft an damned wi raivan ee,
Adam, greinan to be free.

Largo

Ae boat anerlie nou
Fishes frae this shore,
Ae black drifter lane
Riggs the crammasie daw,
Aince was a fleet, and nou
Ae boat alane gaes out.

War ir Peace, the trawlers win
An the youth turns awa
Bricht wi baubles nou
An thirled tae factory or store;
Their faithers fished their ain,
Unmaistered; —ane remains.

And never the clock rins back,
The free days are owre;
The warld shrinks, we luik
Mair t'our maisters ilka hour—
Whan yon lane boat I see
Daith an rebellion blind ma ee!

THE STAUNAN STANES

I. *Efter Exercism*

On Lundin Links there staun
Three giants petrified,
Rysan frae the yerth their dwaum
Is hapt in stane, their sleep
Is waukan aye; they mock
The deid and hate the quick.

Auld faithers, whitna ye
Micht be, or deil or priest,
We kenna, carena; historie's
Your tipple: in our livan breist
The deid is deid. God, pit
Resurgam in the room of it.

II. *The Gluttons*

i

Ayont the dyke staun three
Auld Stanes that speakless speak
O' man's mortalitie;
But cannae gar them greit
That lang were hemlock-stecht are free
Frae life's dreid poison, thowlessrie.

42

Memento mori, the Stanes say,
—But daw is daw and fell is fell,
God made us glutton, nocht we hae
But in excess, of hevin or hell.
Daith dees, we wauk, God grant us three:
Luve and meat and libertie.

Beethoven

Rock-cast his skull o the weathered warld
Is raff wi sic lane pride
O' the shackle-brakkan saul
Wad breist the wide
Steep bounds o man's pent,
Sleepless, weirdit miscontent.

Prometheus' daithless speak
Defiand answers daith again,
Here, helmeted wi wunds, luiks owre the bleak
Daith-ridden mongerlands, a wean
Brocht furth in tourbilloun
Tae bigg a warld, or ding blinn Gaza doun.

Pompeii

Vesuvius petrified a toun,
The lava frae her scarrie paps
Mither an bairn thegither hapt,
Maister an man, lyart an loon
In sarks o stane. Nou draps
Anither manna with our doom.

But nou the flesh is no the aim
Agin the free-mind nou they draw,
The saul o man they'd cage in braw
Neat, polished, menseless bane;
They'd pent in gray the watergaw
And smoor the licht in the een o weans.

Blake said frae Caesar's diadem
Cam the strangmaist poison kent—
We souk it doun, daith's sacrament
That petrifies the will, an then
Caesar we worship innocent
Astride the backs o his leal men.

John Maclean Martyr

I

The bluid he saw dreeps yet
A black affront til men
That bluid nor luve can mend
Or man shall get
At the warld's end
Remeid frae his teeman debt.

II

Whiles, out the thrawan ruck
There rises a Maclean
Hauds black in his bluid, but vain,
The wyte man taks
Frae man for the shame
That's paid wi a price mair black.

III

Abune the crottlan tenements
The mune lowes reid
As man's ain martyrs staw her gleid
Wi the carrion stink is sent
Up frae the warld's desert deid
—The reik o man's dismemberment.

Ballant o' John Maclean

Founder of the Scottish Workers' Republican Party,
Died St. Andrew's Day, 1923

"I for one am out for a Scottish Workers' Republic."—J. M.

Muir an Wallace his prison mates,
Lenin an Connolly
Nane ither ever was his maik
But ithers there wull be.

Though mocked an hated, crucified,
An jailed an mocked again,
Yet never dousit they the gleid
He lit on Glesca Green.

The Mongers triumphed ower soon
As they harried him til daith,
For nou their micht is crottlan doun
But freedom yet has breith.

Ahint his corp throu broukit streets
Three miles o murners thrang,
He wan the hate o the Monger breed,
But the luve o his ain was strang.

Turn ower in yir sleep, Maclean,
Nane is michty as the deid,
Speak yir daithless speak again
—The evil gets their ain remeid.

"I staun no as the accused," he said
Til the lords in crammassie,
"But as the accuser o yir state
Biggit on gowd and infamie!

"I see yir guilt there rinnan doun
Heid til fit the bluid rins reid,
Ye're loftit there lik gods abune
But the feet are clay an the hert's deid."

Och, tods have holes, the birds nest
But whaur's the Son o Man tae rest?
On prison stanes they laid his heid
An prison brose was aa his breid.

45

A great hert warsslan in a cell
Lik a live bird in a cage
Till hint the bars o a stane hell
They brak the eagle o the age.

But they couldna dim his words o flame
Nor dousit his memorie,
—Turn ower in yir sleep, Maclean,
Scotland has need o ye!

Ye Mongers Aye Need Masks for Cheatrie

Delacroix pentit Chopin's heid
No like ithers a jessie hauf deid
But true, wi a neb like an eagle's break,
Een like levin frae the thunner's crack,
His rasch face sterk wi pouer an daith
And aa the agonie o Poland's skaith.

Wha'll pent trulie Scotland's heid
Nae couthy gloam bit mirk an reid?
Skail yir myth o the Union year
Saw mob an riot but deil a cheer?
Syne an Empire's biggit wi Scottis bluid
—But wha'd hae gane gin hame was guid?

Ye mak a myth o a cheated land
As Chopin's made a lilly man;
But truth wull screich an Scotland rid
Ye mongers as the Irish did;
The bluid ye drave til ilka airt
Shall feed its ain reid sleepan hert.

1939

Agin Black Spats

On Kenmore Brig that Geordie made
Wi Jacobite fines I staun,
Whaur Tay springs frae the Loch o Shades
Reid wi the wild April humin,
(April, month o the Arbroath screed

That minds me Scotland aince was free,)
O' the great rebels thinkan;
For here the heather's tasht wi bluid,
Here Gregor Roy frae Campbell fleed
That reift his faither's land
An reithe rebellion fleered its heid
As gallus lad mocked raxan laird,
But laird got lad at the trail's end.

> I hain in mind
> Thae that fell
> In ilka land
> For freedom's cause
> Nor widna bend
> Til unricht laws
> Nor a tyrant's will.

Gregor was taen; Pearse was shot
I' the cauld dawn frae prison;
Wallace they hackit an hung on yetts;
The guillotine got Danton;
Marlowe got a drunkart's knife;
Maistlike a swayan rope
Tuik Frankie Villon's life;
Wi wershlie deean hope
O' libertie Pushkin lies
Gagged by royal spies;
While Byron dwined in a bog
An Rabbie's leid gies text to clods
That prate o Freedom
An practise feedom.

Jist as aince their sib betrayed
Charles Edward prince o a cheated race;
Had sold ere this their people's traist
For the Union's faithless peace;
Their legacy's that nou we're laid
Hauf deid in the mirkest gloffs o saul
Oor pride asleep
An oor passion cauld.

It seems the michty aye
Maun conquer at the end;
Ilka hero theyve pit by
Wi fancy dress an a curly mou
On a fake romantic strand

Makan gestures "noble and true"
But aye providit we understand
That nou we've aa been secured
Ilka libertie they spiered,
That cries for mair are "premature"
Etcetera—its aye the same
The rules the rulers mak for the game;
An gin the cheated deid appeared
The day, they wouldna see ava
A cheyngit lyft abune grim Saughton waa.

But nane o thir triumphand names
Fructless deed nor lived in vain;
Here at Kenmore was execute
Gregor Roy that breengit oot
Agin black oppression;
Here, whaur loch an river mell
We can hear whit the deid tell,
The Cross is passed, and in succession
There's be martyrs o the free,
(For shackles brakna easilie)
Till ilka glen an ilka toun
Is rid the rogues lang haud us doun.

The Pricks

Saul was tauld he maunna kick,
An Christ preacht aa humilitie,
And nou the adamantine pricks
Haud up their crouns in majestie,
Freedom's made the Hure o State—
Kick, an ye'se pree the pouer o hate.

Theres twa alternatives, ma fiere,
Tane's tae bow the heid an thole
(The easier gate, the thrall's lear
That taks bluidwyte frae the wizzent saul)
Tither's the auld road rebels ride,
Exile, jail and daith—an pride.

For Saul an Christ, tak Barbour's leid
—"Fredome is ane nobil thing,"
The sang yet dirlan frae the deid
Burns, Muir, Maclean wald hae us sing;
Theres twa weirds nou the saul can dree
—Recht sempil, brithers; kick, or dee!

FRAE THE POLISH O STEFAN BORSUKIEWICZ*

I. Ma Brither

The kirkyairds bleezed. The dawn
Hissed on the smouchteran grieshoch—
Weirdless their bidan that bided thon dawan.

Ma brither was thare i the reik
His airms I saw wide-streekit
Sterk forenent the pitiless lyft.
The humin gash wi stang an skaith,
Lispan deid sangs in a land o daith.
        —I leefulie laid
        Aa hope neth ma lids.

The onset breenged forrat thon nicht
And a coronach wreistit til targats hung
Wae-crazed frae the shairp palisade.
Ay, reid-het airn the hours flung
(I saw a bricht cairtridge-belt snicker an tak
A haun aff at the wrist—Reid rattlesnake!)
Till grundan doun the deif stour crinched
Throu the rankreengin skreighan machines
        —An was fa'en.

And we are wauneran airm in airm again
Twa brithers frae the capital o flames,
I feel ye near ma hert, sae near tae me
But you'll no speak—
                        Are ye no hearan me?

* Stefan Borsukiewicz, born 1914, died 1941. Polish Parachute Brigade in Scotland. Author of *Kontrasty* 1941. (Kolin, London).

II. Ballad o the Defence o Warsaw, 1939

The nicht was reid wi whorlan munes
(It neer wald faa again),
Ootwith the toun the suburbs clung
In fear lik a drunkart's wean.

Warsaw, o steermen brave as gyte,
On rifles ye piped a hymn,
A feylike sang o the saikless lyft
Whaes licht nae cloud wald dim.

Efter a thoosan nichts I'se scrieve
This wae-prood leid o thee,
Yir tears rin aye unstanched,
Yir blae scaur aye ye dree.

Oor breith was hechlan as the air
Thickened lik a wuid,
On the kirk's larach mortars bloomed
Lik roses, roun a loch o bluid.

Bi the yetts the ravished mithers maen
Aince sun-blythe ware their een,
Till cam thon dreid September noon—
Nou their houghs haud daith atween.

Syne I'll easier faur get watter
Than a clod o ma ain countrie,
Syne I'll mind yon dour uphaudan
O' the faur toun tint tae me.

And efter a thoosan nichts I'se scrieve
This samen leid o yee,
Yir tears rinnan aye unstanched
An the blae scaur aye ye dree.

Lament for Richard Wales

shot down over Norway, 1941

There's nae philosophie I hae
Can blaw the wind anither wey,
There's nae grand thochts my brain can wind
Wull skail the mirk frae out ma mind,
There's neer a word can heal a scaur
    Or stap the war.

There's neer a prayr wull fly him hame
Nor yet a certain yin tae blame,
Whan the guilty ramp the innocent pey
——Dick's shot doun owre Norroway;
There's neer a spell can lown the brak,
    Or fetch him back.

But let a curse aye rest on aa
Whaes avarice took him awa,
Vengeance graiths for the michty few,
The skime o bluid-guilt weets their brou——
But och nae tears nor curse can speed
    Dick hame frae the deid.

1941.

Epitaph for a Pilot

In Memoriam D.A.—and the lave

There are nae words o monumental praise
For him o wham a lass wad say
"My eagle, O ma darlin is asleep,
Deid is ma luve, ma bricht yin's gane;"
An, Christ, whit can a monument eer speak?
That he was fearless, noble, wantan maik?
Och, heap the unkent cairn upon the unkent grave
——The hert kens mair nor monuments can raise.

October 1941

Tchaikovski man, I'm hearan yir Waltz o Flouers,
A cry frae Russia fulls this autumn nicht;
Aa gousty fell October's sabban in ma room
As the frantic rammage Panzers brash on Moscow toun——
An the leaves o wud October, man, are sworlan owre the warld.

I' the gowden hairst o Forty-Ane the reid leaves drap, they whorl
Rain-dinged an spin frae the wund-thrawn creak o trees,
Lik tears o bluid they flee wi the airn tanks an drift athort,
Puir shauchlan shroud, the wae battallions o the deid——
O, the leaves o wud October, man, are sworlan owre the warld.

Outby ma winnock raggit branches drune
As roun the lums o Kiev, Warsaw, an the lave
O' sunken Europe; throu the wuids, by lochs, ablow the gastrous
    craigs
O' Caucasie roads slip wi bluid mushed black wi leaves an rain——
O the tears o wud October, man, are sworlan owre the warld.

Trees greit their tears o bluid, they mell wi the bluid o men,
By a daft God's weirdless breith the fey leaves blawn aa widdershin
In the screich o whup or shell the grummlan wunds o daith,
This month bairned you an me, month o breme dualities, o birth an
    skaith——
O, the leaves o wud October, man, are sworlan owre the warld.

Sune rain wull freeze til snaw an the leaves be stilled
But yet thon oorie Deevil's Waltz'll straik the eastren fields,
Music o fa'an angels sab; maun aye the gray wunds blaw
An the drum o wounds aye dirl throu the smooran snaw?
Aye, the leaves o wud October, man, are sworlan owre the warld.

Whan Neva's black wi ice an glaizie in the mune-haar's lilly gleid
An trees drained black o tears, wull then the oorie sworl
Bide lown? Nae, chiel, tho dream ye maun o daw i the how-dumb-deid
The leaves o wud October, man, aye sworl across the warl.

ARMAGEDDON IN ALBYN

I. El Alamein

O, dearlie they deed
St. Valery's vengers
——The gleds dine weel
In the Libyan desert——
Dearlie they deed,
Aa the winds furthtell it.

Around El Alamein
Ranks o carrion
Faur frae their hame
Ligg sterk in the sun,
In the rutted sand
Whaur the tanks has run.

Yon burnan daw
Than dumb-deid blacker,
Whiter than snaw
Will the bricht banes glitter;
That this was for Alba
Maun we mak siccar!

It wasna for thraldom
Ye ligg there deid,
Gin we should fail ye
The rocks wad bleed!
——O, the gleds foregaither
Roun Alba's deid.

II. The Mither's Lament

Whit care I for the leagues o sand,
The prisoners an the gear theyve won?
Ma darlin liggs amang the dunes
Wi mony a mither's son.

Doutless he deed for Scotland's life;
Doutless the statesmen dinna lee;
But och tis sair begrutten pride
An wersh the wine o victorie!

III. The Convoy

The wind's on the Forth,
Icy the faem
Flicks at yir cheek——
A mirk thrang o ships
Is drawan hame.

Inby the room
Ma bairn hauds
Her breist lik a warld
In the lowe-licht; I staun
Neth the mune

An see the glib swaw
Til its aim heive an sweel
Ower aa the fields bleak
In sleep of our land,
Lik a gormaw.

Blawn clouds o reik
Fleer in the munelicht,
The lums hudder steep
Roun the shoreheid
And gaither like warlocks.

Heich i the caller lyft
White frae the mune-leam
The gulls mae lik weans
Then streek owre yir heid
Wi a deil's-screich.

Faur frae ma bairn
The maws' fey maen;
Nearer the fleet's hamein,
But aa connect, an
The plan agin's ain.

Mirk clouds frae the ships' stalks
Faur i the nicht-freith
Tell o harborie raucht—
Throu the cauld firth
The ships gang hamewith.

IV. The Sodjer's Sang

I deed in Greece
Whaur freedom liggs,
I deed in desert sand,
I deed maist aawhare
On the yerth
But in ma ain land.

They tell I deed
For libertie
But gin they speakna true
They'se pree the lees
O' a bitter bree
The sleepless deid shall brew.

V. Simmer Lanskip

A Sang for Bett

Aa simmer sings in the laden leaves
    Like molten pearls,
Mavis an laverock, lintie an merle
    Are carollan free,
    Are carollan free;
The fields whinner saft in a gowden swound,
    A peerie breeze
    In the sangrife trees
An roses' heavy scent around

——But for the steel bird screams abune
    It micht be peace.

VI. Mars and Venus at Hogmanay

The nicht is deep,
The snaw liggs crisp wi rime,
Black an cauld the leafless trees;
Midnicht, but nae bells chime.

55

Throu the tuim white sleepan street
Mars an Venus shauchle past,
A drucken jock wi a drucken hure
Rairan "The Ball o Kirriemuir"!

VII. The War in Fife

Gurlie an gray the snell Fife shore,
Frae the peat-green sea the cauld haar drives,
The weet wind sings on the wire, and war
Looks faur frae the land o Fife.

In ilka house tashed by the faem
Tuim beds tell o anither life,
The windae's blind wi the scuddan rain,
While war taks toll o the land o Fife.

By the "Crusoe", backs tae the rain-straikit waa,
Auld jersied men staun hauf the day,
The fishing killt by trawlers, nou
They drink the rents the tourists pay.

But anither race has come, the pits
Breed a raucle fowk nae geck beguiles,
Deep in the yerth nae haar affects
The second war in the land o Fife.

Thae are the banded future; here
Dwine the auld defeated race;
Unseen throu the cauld an seepan haar
Destroyers slip at a snail's pace.

A foghorn booms athort the Forth,
Drumlie lament for a sundered life,
The root an flouer that aince were kith
Made strangers in the land o Fife.

The haar is chill, near in til the shore,
Nae maws screich owre the yalla freith,
The wireless frae a sweyan door
Ennobles horror, fire, an daith.

The foreign war tuims mony a bed
But yet seems faur awa——
Twa hunner years o Union's bled
The veins mair white nor ony war.

A third war cracks; lyart an loon
Thegither curse the lang stouthrife,
Mirk ower Scotland hings its rule
Like the snell haar hings ower Fife.

The Arbroath Declaration, April 6th, 1320

There's a cauld haar that comes on Fife,
It dumbs the birds in ilka tree;
At Arbroath toun is celebrate
The pledge made Scotland free——
But like a haar's the Deid Haund
Maks words a mockerie.

In Thirteen-twanty Scotland tauld
The warld in the words o raucle men
She humbled neck til King nor State
——The commontie was soverain!
But until we lowse the land
The men of Arbroath sleep in shame.

There's a cauld haar that comes on Fife
The silent birds ken it maun flee,
But neer the Deid Haund lifts unless
It be cast aff by you an me;
And no till then will justice ken
The Arbroath fanfare o the free!

from
So Late into the Night
1952

Torquemada and the Carapace

1

Hou monie lives has a man,
Hou monie faces can
At aince be shawn til men
While at the quick is nane o them
But a bleezan coal
Hapt deep in the saul?

2

Why, like a partan's carapace,
Maun aye a rantan face
Defend the ither nichtit sel
For damn the reason in hevin or hell
Sauf jaggie pride, that greits til ane
But aince—or maybe never, til nane?

Saagin

A demon bydes in the breist in dern,
In the unkent airt
That's neither saul nor mynd nor hert;
And, whiles, like a bairn

Warslan to be born,
Hauds the haill man tense,
His genie struck in the suspense
O' onwyte, dumb at his tide's turn.

Like the globe swings throu equinox
And for a moment spins
Atween twa suns,
Nou in saagin my weird rocks.

Simmer Nichtsang

The nicht is far spent,
I hae heard the chime o three,
At my side my dearest luve
Sleeps like a bairn. Sleep on, my wee.

The airless nicht like a euthanasie
Haps the great toun—and we micht be
The last on a deean planet,
My bonnie burd. Sleep on, my wee.

A Birth

What thochts hae I in my heid,
A man his lane
By a deean gleid
In the hours atween nicht and daw
—And a wheen streets awa
A woman's in jizzen lain?

What can I dae or think, dear luve,
But gowp at the gleid
Pittan out aa thocht o you?
For mynd will no contain
The blackenan dun o pain
A new life needs.

Loch Leven

Tell me was a glorie ever seen
As the morn I left my lass
Fore licht in the toun o snaw,
And saw the dawn
O' burnan cramasie
Turn the gray ice
O' Mary's Loch Leven
Til sheenan brass—
And kent the glorie and the gleen
Was but the waukenin o her een?

Philomel

The hushed world o midnicht
Stude strucken still,
Still were aa the simmer sternes,
The mune slept on the hill.

The void whispered in my hert,
The tuim airts were filled
As throu the nichtit wuid I heard
The dervish rossignel.

The firmament was opened wide
And aa the waters melled,
The reid tod stude by the dyke—
O Youth! O Luve! O Philomel!

Luve is a Burn in Spate

Borneheid burn, breenge doun til the sea,
Ye tyger in the hert o me,
Droun the cokkils o my hert,
Burn in spate rin ower me.

Hert rins brattlan in its case,
Atween the skairs broun waters flee,
My kist's a rock-bund ribbit cage,
White roses spate the hert o me.

Wee birds spray like hammerflush
Frae the forge that blaws i the hert o me,
Och, scaud my lauchan brou wi gulls,
Burn o daith rin ower me.

Cast my wrack til the fowr airts,
Fireflaucht, sleet, and venerie!
Sune, ower sune, aa fever sleeps
—The seas' saft breist'll cradle me.

Belief

Neer, nocht this luve can crack
For deean it will breir
Again like spring frae rock
Or foal frae mear,
And frae its burnan seed
A phoenix breed.

This luve is fashioned like
A knapcone pine, the tree
Whas buds ingrow the bark
Bydan the forest bleeze
That anerlie can release
The new wuid's seeds.

Nocht this luve can ban,
Time nor custom's use,
For, like hare or ptarmigan,
Its winter weeds renews,
And like a mystic in his cell
Spins hevin frae hell.

King and Queen o the Fowr Airts

A Ballant

O, King and Queen o the fowr airts
My luve and I yon day,
They sang o us in Tara Haas,
They carolled in Cathay.

For us the mirkie luift was gowd,
The causie gowd beneath,
Emerants drapt frae ilka tree
And siller ran the Water o Leith.

The Dean Brig lowpt a Hieland Fling
Our regal whim to gratifie,
Schir Wattie sclimmed his steeple's tap
The better to view sic majestie.

Och, we were the sun and the sickle mune,
The wee speugs triumphed round our wey,
Sanct Giles cast doun his muckle croun
And aa the damned made holiday.

Tamburlane was a shilpiskate,
Ozymandias a parvenu,
Our Empire o the Embro streets
Owrepassed the dwaums o Xanadu.

But fient the pleisure-dome we fand,
Waif peacocks mang the laicher breeds,
We ained the birlan mapamound
—But damn the neuk to lay our heids.

The birds hae nests, the tods dens,
The baillie skouks aneath his stane,
But we, the minions o the race,
We hadna howff and we hadna hame.

Ay, King and Queen o the fowr airts,
Our crounit heids abune the cloud,
Our bed yon nicht was the munelicht gress
—I wadna changed for Holyrood!

L'ame Fatale

What o the yerdit surfet
Hert in the wrang house? Late
In the mirk hours owre the gleid
Ye ken, and the room ye need,

And left. But why? ye canna tell.
For pride? For fear? The waters mell;
And in their confluence is drouned
Hert wi its deep stanchless wound.

Alternatives

I in my saul's wanhope
Frae a woman's dirk-stound said
"What is luve and traist but dope
That fules eat for breid?"

"Ah, freedom is the richt man's end,
Mak politics your gait;
There's mair nor broken herts to mend
In the world nou," the Young Man said.

But, "The study of mankind is man,
Philosophie outlives a maid,
Luve's een grow dim but truth sheens on
I' the mirkest nicht," the Auld Man said.

And ithers had their ither cures
But ilkane gree'd that luve was nocht,
I heard them cry aa wemen hures
And luve pit bye for deed or thocht.

"Ay, traist is mockerie!", I cried,
"Luve's meed is nocht but bane—
But wad politics' stourie road
Or philosophie's weirdless game
Gie me the undeemous peace I kent
—Or licht again the firmament?"

Exile

I saw my luve in black velvet
And breistit hiech was she,
Wi Mary's hair and the gait o a queen
  —It wasna she.

I saw my luve in green and gowd
And white, white, her blee,
A lire o milk and ivorie
  —It wasna she.

I saw my luve in lamplicht stand
And braw in crammasie,
Fair Cressid walked upo the Strand
  —It wasna she.

I saw my luve in fire and silk
And midnicht in her ee,
I saw the wale o womanheid—
  Her I didna see.

Thrang, O thrang, thir broukit streets
But tuim, tuim, for me—
O, Saturn, swing this turnan world!
  —Till her I see.

Leander Stormbound

The auld mune on her back
In a black luift o rags
That the wind pell-mell
Ryves wi a banshee yell
  And a blaff o hail . . . .

Out throu her eldritch rags
The auld mune-hag
Looks on the bylan seas
Whar sleek as backs o seals
Curls ilka sweel,

And looks on the tuim promenad,
The folk all abed
On this daft nicht, but me
That looks on the stairvan sea
   Wantan ye.

And awa ayont the faem
And the black storm, at hame
Ye're sleepan peacefullie—
Or maybe hear the thunderan sea
  . . . Wantan me.

Sang: *The Winter o the Hert*

"Il pleure dans mon cœur
Comme il pleut sur la ville."
                    VERLAINE

O, the rain that rains upo the toun
Greits in the hert o me,
And the swaw that dings upo the shore
Is the tempest that has fiefit me.

O, the rime that barkens aa the land
Crynes the turnan hert o me,
The snaw-wreithes owre the sleepan fields
Are blizzards that hae blindit me.

The hail and wind against the pane
Deave the stoundit hert o me,
Storm and sleet and mirk munelicht
—That banshee-gowl o memorie . . . .

Ice buds like pearls on the twig,
Teardraps shairp as traitorie—
Spring, haste ye til this cauldrife airt,
This winter i the hert o me.

68

The Mandrake Hert

Ye saw 't floueran in my breist
—My mandrake hert—
And, wi a wild wae look,
(O my dear luve!)
Ye reift it scriechan out . . .
And the bluid rins aye frae the torn root.

Semper Vincis, Amor

Memorie, why will ye tell
O' twa broun een are gane?
Real and ideal mell
And Time's deid's a stane.

Mair nor nocht I canna speak,
Och, mair I canna say;
Remains a world that I wad speak
And no a word I may.

Memorie, why will ye tell
O' the een are tint til me?
Real and ideal mell
—And in the hert is ye.

Gone with the Wind

"Then falls thy shadow"
DOWSON

The wind blaws owre the luift
And throu the hert's tuim chaumer blaws,
The ocean gowls i the lum—
Och, memorie!—I mynd it aa.

No a pickle's tint, it's aa
Wi me as it aye has been,
Aa the wulderan tragedie
—And the hurt waif in your een.

69

Weeds bog the hert's gay gairden nou,
Frae purgatrie we pass to hell—
Doun the lum and throu the room
The pit-reik bursts wi a yell.

The Moment

The gaslicht flichtered on the stair,
The streaman cobbles black wi rain,
I held the auld world's glamorie there
—And aa the grienan years were lain.

In our braith did past and future mell
And aa was as it aye had been,
In the nicht o space the globe was still
—Was't birth or daith we breathed yestreen?

Fowr year fleered up like paper then
And in the bleeze the future burned,
Your black een wild i the staucheran flame
As the wings o fate abune us turned.

Sang: The Die is Cast

O, nou the die is cast, dear,
And drunk is aa the wine,
The ferlie days are past, dear,
And we twa maun twyne.

Ay, nou the die is cast, dear,
For weill as for wae,
The past is past for aye, dear,
And we twa maun gae.

But, gin this is the last, dear,
The last may be maist sweet . . .
But och it rins sae fast, dear
—And lang there's be to greit.

Nostalgie

Aa's gane, my dear luve, gane
Wi your whisper o guidbye,
And the Links drouned aye
For me in a wild nostalgie. Gane
The dawns and the sleepan streets,
Your een that smiled sae leefullie,
And your twynin aye sae wearilie
—A bird's wings thunderan in my breist.

Luve's Thirldom

Luve whiles is but a peerie daith,
The granderie wi hemlock thrawn
Like ivy's luve that kills the tree
Wi fell green airms that straik
Wi saftest burnan lemanrie
Till tichter and mair monstrous grown
The mirk leaves' fouthie kiss smoors aa
And kills wi its croun o monarchie.

I am the tree and you the green
Luved poison that is wreistan me;
I wad cast aff thae circlan airms
Saft round my craig—but aye ken weill
I'se joy them till the mune greits bluid,
Till fishes stalk about the yerth,
Until sweet aipple-trees rise up
Frae the skuggie gairdens o the sea,
Till owre the luift an ape-like paw
Scrieves in fire the final sign
And *FINIS* fleers on the endmaist page o Time.

Sub Regno Cynaræ

Starnless is the riven luift,
But the gait I gang wants nae licht;
The Mairch wind lowps i the streets
Like the great lowe in my breist.

71

Luve's Fule

In my saul's a Universe
Whar ramp the restless deid,
Othello ryves my thrawan hert
And Lear raves in my heid.

Selbstbildnis

or Selfish Business

"Nae self-deluder me!"
Sings the fine cock-chappie,
Chock-fou o spleen
And slap-happie—
   The dope's
   Nae hope.

"I ken mysel, guid or bad,
I'm no girnan,"
Sings the great lad
Wi's hert burnan—
   I tell
   O' mysel.

Say Ye Sae?

There is a demon in my breist.
—*Say ye sae?*
I pray the Lord to gie me rest.
—*Maybe it's yoursel.*

It is a worm in my hert.
—*Say ye sae?*
It has twa fangs are unco shairp
As the lowes o hell.

It chacks my hert when I'm my lane.
—*Say ye sae?*
And frae its chafts drip dule and bane,
Is the wine o hell.

I ken it breeds frae my ain mynd.
—*Say ye sae?*
Its lugs are deif and its een blind
But its tongue a knell.

Frae it there's ane can gie me bield.
—*Say ye sae?*
But she kens nocht the pouer it wields,
Yon fient frae hell.

She thinks me wud; maybe she's richt.
—*Say ye sae?*
Lord, dumb this demon o my nicht!
—*Maybe it's yoursel.*

For Exorcism

Exorcise my demon, God,
Exorcise the ghoul
That onwytes me frae dim til daw
And herries aye my saul.

Exorcise the demon, God,
That owerhings my bed,
That draps his poison in my glass
And winna be gainsaid.

He lords it owre my wearie hert,
He drinks in the hert's great hall;
Blaw, God, wi your adamantine braith
Throu this ghoul-wearie saul!

Luve's Despotism

Gyves on the hert-strings,
Chains in the bluid,
I'd lea ye, luve,
Gin I'd find the road.

Crack the whip, woman,
Kick up your heels,
Gie a glink ahint
And we traipse like fules.

Och, I dern mysel,
I turn awa,
But the lash cracks
—And I wauk at daw.

The wecht o your gyve-airns
Mense canna raise
Gin the blind bairn
Demands his fees.

Nae vow can outlive
The glink o an ee,
Sure the hermit in hell
Kens the tyrannie.

It's a jungle pouer
Fills aa the streets,
The tykes parade
Til his lusts' beats.

Debosh o the reason,
Murther o guid,
Ye fyle the saikless
And blacken the bluid.

Ye reid-wud prince,
Arbitrarie,
*Gie me rest for Christ
Is the hert's plea.*

Patmos

To X. for her dagger

Here is the cauld hert o the world
Whar being and unbeing kiss,
Aa is lown but isna peace
—Here is a tuim and desert bliss.

The sand rins owre the faaen gean,
The carrion gled owrehings the pearl—
Unwon, unwinnable, the Grail
Is but the cauld hert o the world.

I that thocht to ding the gods
Sit nou alane as Adam-Thor
Wi the smashed remnants o a reich
Alane at the world's frozen core.

Sang: Wuid-Reik

The wuid-reik mells wi the winter haar
And aa the birds are gane;
They're burnan the leaves, the treen are bare,
December rules a dour domain.

The wuid-reik draws a memorie
Frae some far neuk i the brain
When I was a loun and hadna loed
And never kent the world's bane.

Och, burn the leaf and burn the branch
And burn the holly treen!
O winter, burn the hert I want
—And syne burn mine again!

Blae Deils

Tenderness is gane
The bluid's black
And aa wir passion's game
Is the saul's lack.

Hert's hackt til the bane
The sperit's gaunt
And aa wir passion's game
Is the saul's want.

Nicht lowers again
Pouer raxes out
But aa wir passion's game
Is the saul's drouth.

Sall ever man win hame
But the bield o daith?
Or I throu passion's game
Tine the saul's skaith?

Odessa

Circassian leman, lie
Abandoned in the lowe
O' the Embro mune, while I
Hark til the Black Sea far ablow.

Odessa's in the room the-nicht
And in the gray mune's lily-loo
The Caucasus untamed is bricht
As ice and ivorie in your brou.

Circassian leman, wi your een
Liquid as wine, see there
Rise aa the mountains o the mune
—And the base Levant is steaman here.

Wemen

Christ, thir blonde-white wemen,
Their yalla-white hair,
Wax flouers in the haar o e'enin,
Gowd-luminous lire
The sun on snaw leaman,
—Ye'd gar a man dee, and mair.

And broun wemen i the lowelicht,
Tigers bydan by a pool
Their een i the wee hours o nicht
Black bleezan jewels
A man wad gie his ain sicht
To reive, and dee glaid, like a fule.

But 'ware the dark luves i the daw,
Their hame a barbaric wuid,
Wi jet velvous glune they draw
Your will in a myndless flude—
Nou's nae deed ye'll no dae, nae law
No brak—for the een are blind wi bluid.

Dialogue at Midnicht

C ome, ben, my dear, she said, and lie
I n my airms sae white and cool—
C an man, I spiert, his saul no flee
E lse but in drink and letcherie?—
L eman, leman, thochts are fules;
Y our saul sleeps atween my thies.

77

Ballant: The Wraith o Johnnie Calvin

The Danube rins by the Water o Leith
(A Dunce-may-read me aricht)
But her name I kenna, O je ne-sais pas
And nescio quis fuerit.

—

O, broun the bracken burns on the brae
And reid the rowan tree . . .
Her mou was reid as the gean, and broun
As a tink, as a nut, was she.
> *O, the wraith o Johnnie Calvin*
> *Is chappan at the door.*

O, we rade hie whar the great hills ride,
We rade whar the burn rins doun,
We rade the muirs whar the lane whaup cries
And throu the clatteran toun.
> *O, the wraith o Johnnie Calvin*
> *Is chappan at the door.*

Och, I'd loed ane and you anither
But when we twa were jyned
Then aa the luves o baith thegither
Yon nicht were sairlie twyned.
> *O, the wraith o Johnnie Calvin*
> *Is chappan at the door.*

But, lass, ye'll hae anither man,
And frae him tae ye'll twyne,
Ye'll tine his name and aa he was
—But no the nicht was mine!
> *O, the wraith o Johnnie Calvin*
> *Is chappan at the door.*

And come the wrack or come the weet
Or thae whas bluid rins cauld,
We'se lea them threep and grien and greit—
The mysterie here's mair auld.
> *O, the wraith o Johnnie Calvin*
> *Is chappan at the door.*

Heathen, pagan, heretic,
Mair auld nor the gods are we!
The lave may gang their richt and wrang . . .
We sing sweet lemanrie!
O, the wraith o Johnnie Calvin
Is chappan at the door.

Tho weill we ken the road we rin
Will turn and we maun twyne,
Nae daith shall dim our saikless joy
—Tho aa their creeds maun cryne.
O, the wraith o Johnnie Calvin
Is chappan at the door.

O, broun the burn rins brattlan doun
And reid the aipples on the tree . . .
Her lips as reid as the gean, and broun
As a nut, as a tink, was she.
But the wraith o Johnnie Calvin's
Aye chappan at the door.

Legend

D oun the Attic glades the god
A nd lassie rin their lane,
P assion's feet white on the sod
H aud efter a fleean quean—
N eer sall he win, nor I win you,
E xcept a laurel for the brou.

Chanson Un Peu Banal

O wearie faa the day maun daw,
O wearie faa the sun,
O wearie faa the doitit birds
That tell the nicht is run.

O wearie faa the liltan treen—
What wey the lav'rocks sing?
For daw can nocht but reif awa
What yesternicht did bring.

O wearie faa the fule-like mune
That aye maun dwyne awa,
O wearie faa the nicht should end
And luvers twyne at daw.

Ye Spier Me

Ye spier me, luve, a question
As we spin throu the abyss
Whar is nae sterne or compass,
Ye spier me what it is
That in the nicht o passion
And the langorie o dawin
Rairs in the tideless ocean
Whar we byde as in a dwaum . . . ?
It is the lava thunderan out
Frae the burst craters o the hert.

"O Soft Embalmer"

O Saft Embalmer, come
And steek thir een
That aye the loesome face
May nocht be seen.

Gie me release a while,
Enchanter, droun
In thy deep waters aa
I'd fain disown.

O Drowsie God, let faa
Nicht's seilfu swound,
Rowe up this wearie hert's
Reid staucheran wound.

Luve in Fetters

I

To grien for her, and then,
The haein dune, to fear,
E'en i the airms o her,
The glorie that maun end;
To see the twynin ere
The passion's spent—
Och there
Is luve in fetters lain.

II

It is I that cry, here
In thir leanan streets
My prison, whar the wind beats
Wi the like lash I bear
Reid on the nakit breist—
To hae you here when I hae nocht
And, when I hae, no fear
The endin o't.

Music be Wheesht

Gif music be the food o luve
Music be wheesht,
Luve has nae hunger here
In this fou breist.

The demon's surfet, steir
As Nero wi the feast
—Gif music be the demon's fare
Music be wheesht.

Stairve him awhile, gie peace
Til the glutton hert,
There wants nae sustenance
In this raff airt,

But drouth and soporifics,
Mandragore and dearth
An end til aa the music
O' the gormorant hert.

81

Defeat o the Hert

Borne-heid demoniac
In sleep y'ere lain,
At length the raven taks
Her follie's ain.

O black-maned Artemis
The strauchle's dune,
And wi oblivion's kiss
Ye win

Sonnet: Mansel

I am that I am, alane and ane,
Yet pairt o the haill flume o man;
I am a strauchle never dune
O' vile and guid, pride and shame,
Hate and luve—like till a wean
Is bits o aa his sib and kin.

This strauchle is the fireflaucht gars
Man lowp frae dust til the far hevin
Reasonless as moth til star,
As, suddenlie, in the loof is seen
The undeemous Union he wad win—
But never can—wi the All abune:

—Yon Janus Godheid, Lord-and-Deil,
That I made in the likeness o mysel.

Hamewith

"En ma fin est mon commencement."
MARIE STUART

Man at the end
Til the womb wends,
Fisher til sea,
Hunter to hill,
Miner the pit seeks,
Sodjer the bield.

As bairn on breist
Seeks his first need
Makar his thocht prees,
Doer his deed,
Sanct his peace
And sinner remeid.

Man in dust is lain
And exile wins hame.

from
Figs and Thistles
1959

Credo

Celebrate the seasons
Haud efter veritie
Find your equilibrium
And tell what happened ye.

Syne lay doun in a hole
Be the worms' victual
The tyke has had his day
And this is all.

What mair is there ye wish?
Luve's memorie dwynes, the prufe
Is there for ye that watch
The hevins muve.

Tak aa the praise
Put bye the blame
Bard sing on
In the goddess' name.

Ne'er seek her out
Hers be the advance
But name thy bruckle barque
Bonne Esperance.

Gey aft she'll gie ye
Stanes for breid
But whiles her gift
Is life frae deid.

Celebrate the seasons
And the Muse that rules
Aa truth is dream but this
Aa dreamers fules.

Luve is the infant treason
O' the saikless saul
Luve is the black dirk
Sheath't in the hairt of all.

Hairt can nocht live athout
This traitor's skaith
Ye can dee a thousand nichts
And ne'er ken daith.

Luve was the first was struck
By the goddess mune
The luve she gied she took—
The tides aye rin.

Celebrate the seasons
And the hours that pass
She that rocks the tides
Rocks ye at last.

Tranquillitie tint

Wad I had what I aince did hae
That nou is gane frae me—
Tranquillitie.

When deep in ignorance was deep
In bliss and was nocht ignorance ava
But lear and kennin, semple, sure,
As never syne nae mair—
Tranquillitie.

When luve, that was mine aa,
Nae burden was, but easie, licht
And rackless as the laverock sings
In the hiechest pend o daw
—That nou I want. And want ne'er kens
Tranquillitie.

Ignorance that's tint with kennin
Looks a world ill-tint. And ill, ill,
                              My dear,
The ingyne that wad scart this line
Or speak or think o't, e'en.
                              Prufe here
He has that wills. Luver, did ye,
As I, aince ken, and, kennan, tine
                              Tranquillitie.

I. Never say . . .

Never say that I
  In my pride
E'er meisur't luve by time
  Or tide,
But took eternitie
  And the wide
Frontiers o infinitie
  For guide.

Yet aince I cast aa granderie
  Aside,
And follie, indecision, sluggartrie
  Loot ride
Rouch-shodden owre a thowless hairt—and owre, tae,
  Its pride

Nou shame, reproach, and aye twa-mynditness
  In their room byde—
But end's no yet, my luve, til time
  Or tide. . . .

II. He is answert

—Luver, speak nocht o pride in luve
Gif ocht but green-ee'd lust ye'd pruve. . . .

—And gif I dae (as I dae nou) what blame?
—It is a function o a dernit shame.

89

Luver, ken this: there is nae pride!
There is conceit—and a hurt bairn inside.

Double Sonnet on the Dou's Despairt

I

The pride, the pouer, the gift divine
That aince I had, frae me is gane,
The numen that's akin til grace
Or luve or fear or druckenness or rage
Or aa the gifts are reasonless
That come frae—what? The muse?
The god? The daithless spreit o man?
Or bottled spreit?

                    What leid we use
Means nocht and maitters nocht, for nane
Can gie it definition, place or name,
Nae makar, witch, or fule, or priest,
Seer or bairn, psychiatriste,
Or jougler wi philosophie or physics.
Aye it escapes . . . the egregious factor X.

II

The muse is gane, I say! Lea it at that!
Tho ye'll no understand, ye hear me weill:
A statement o semple fact
That's wantan aa but truth. Like til
The loss o luve that I've kent tae—
Yet amna better as I can tell
For tane nor tither calamitie.

Chirurgeon Catharsis, ye hae
Nae gratefu patient here
That has nae betterment but meikle waur,
Ay, owre meikle waur—And waur sall be,
My brether, rosie companions, guid fiers,
Or she ganecomes that nou is far,
Owre far frae here, frae me.

Sonnet: *A l'hypocrite lecteur*

"Wha's he think he is?" they spier,
"What richt has he to scrieve
Nocht ither but praise o a lass
He'd hae's believe
The bluid-drap o the race?
—Luve til ither bards isna denied
And, certies, isna his monopolie."

His answer's semple, clear:
To be her bard, she his muse
For him existence justifies,
And aa his follies' haill excuse—
His greatness has been and aye is
Nocht but the loein o this lass.

Hoolie hoolie

Artemis, nou byde ye quaet!
Hoolie, Hecatie!
Cannie, cannie, Calyach Kate,
Ye'se get nae mair o me!
I'm wearie o the sport and spate
And fain wad sleep a wee.

At last anither saagin-tide
And lea me drift, O Mune!
Hounds o hairt, in kennel byde;
Brood on the race ye've rin.
This is the tide when luve maun rest—
And luvers frae their daiths desist.

Pole Star

Birl, my teetotum!
Whirl, man-atom, spin
Dumbazed, adrift
Stock-still in the mad-mid

Centre o the mynd's whipt
Infant Corrievreckan—
And abune
See there, aloft,
Exact i' the meridian
Ae muveless, standless sterne
Ayebydan
In the year's slaw circus round.

Man, thirlit til your passions,
In thocht aye seekan
A wilyart truth in vain,
The passions thirlit in their turn
Til the mune's cheynge—
Regaird her satellite eterne
Hiech ower Corrievreckan
And, man-atom, pray!
Thy sel maybe thou can nocht turn
—But the tides may.

Octopus

Nor any drop to drink. . . .

This makar's mynd an octopus
When fauch and fallow faulds the field,
Mynd letches like a landwart loun that's
Free o the citie's nichtit streets.
But sails hing dreepan mauch wi sweit
On dumb Sargasso's flat.
Aa life its fuel maun hae (God weet! God sot!)
As wind in sail or rain on rigg.

An octopus, this lollan ingyne thraws,
Echt wreithan tentacles outraxt
Like a skaithit squid in the ink
O' his ain factitious nicht;
At derkenin hungert and intent
As a schule o wee fish stick
Til the glaizie een o the suicede
Awash, hauf-sunk, aneath the brig.

This makar's mynd is tuim as sand,
A *Lusthaus* whance the pairtie's fleed,
Frae a broken gless mine Astral Ee
Looks on a husk whar the fruct has deed. . . .
Howpan howpless that the daw
Micht follow at the back o nicht
And kennan, as I ken my hand,
That nocht but midnicht swirls aheid.

My World in Nether Winter

My world in nether winter is the sun
Barred in a cell and dernit dull in yerth,
The cache is tint, the road unmapt
And dumb wi babban-quaas its dule and rime;
Sol is dowsit dim, deid not, but hapt
And hainit close or Cocorico bells rebirth
In the clean white clout o the Lamb.

Maybe in the morn o beasts and flouers
The outspate o the gleid releas't
Will flush aa winter's dubs wi sun—
In the Lyon's vessels deep it bydes the hour
And bluid, nou silent, sings in the catacomb
What leaf na life can neither sleep
—E'en in this sunless world o nether winter's deep.

Apparences

November haar is blue
Blue-gray in the efternune
Mirkie gray-blue, sae that frae
The Terrace ye canna see
Lands ayont Forth as aye
Ye can when the air is schere.

Juist ayont the nearest treen
The streets o five-flat tenements
Mell wi the haar and wi the reik
That curls up white as cotton-wool
In the aa-inhaudan blue.

And, here and there, see
Preen-pynts, peerie jags, o yalla licht
Like signals frae a boat at sea. . . .
And it's nae mair nor three
Juist three-o-the-knock i' the efternune
—*A las tres de la tarde* in the burnan sun
What bulls dee fechtan in the sand—
And here is mair like derkenin trulie.

The birds, e'en, i' the braithless granes,
Are singan their compline sang
As they did at the black-o-nune
   —Sang teeman like a ding o rain—
In a winter o war a wheen year syne
At the sun's eclipse—wancannie scene
Wi the great camp white
Under snaw, and the black ice dour.

Birds are a laicher ginse
Nor man (men say) and yet I find
Mysel as semple, ignorant
And led agley by looks and outwart seemin
As are they: this man, this I,
That sees the skeleton aneath the skin
Yet deems it Truth sets in the ee.

—When I think what I hae seen
And throu what drumlie skadaws been,
Then ken I weill the ee's a cheat
And nae truth is but's dernit in the hairt.

The Grace of God and the Meth-Drinker

There ye gang, ye daft
And doitit dotterel, ye saft
Crazed outland skalrag saul
In your bits and ends o winnockie duds
Your fyled and fozie-fousome clouts
As fou 's a fish, crackt and craftie-drunk
Wi bleerit reid-rimmed
Ee and slaveran crozie mou
Dwaiblan owre the causie like a ship

94

Storm-toss't i' the Bay of Biscay O
At-sea indeed and hauf-seas-owre
Up-til-the-thrapple's-pap
Or up-til-the-crosstrees-sunk—
 Wha kens? Wha racks?
Hidderie-hetterie stouteran in a dozie dwaum
O' ramsh reid-biddie—Christ!
  The stink
O' jake ahint him, a mephitic
Rouk o miserie, like some unco exotic
Perfume o the Orient no juist sae easilie tholit
By the bleak barbarians o the Wast
But subtil, acrid, jaggan the nebstrous
Wi 'n owrehailan ugsome guff, maist delicat,
Like in scent til the streel o a randie gib . . .
  O-hone-a-ree!

His toothless gums, his lips, bricht cramasie
A schere-bricht slash o bluid
A schene like the leaman gleid o rubies
Throu the gray-white stibble
O' his blank unrazit chafts, a hangman's
Heid, droolie wi gob, the bricht een
Sichtless, cannie, blythe, and slee—
    Unkennan.

Ay,
 Puir gangrel!
    There
—But for the undeemous glorie and grace
O' a mercifu omnipotent majestic God
Superne eterne and sceptred in the firmament
Whartil the praises o the leal rise
Like incense aye about Your throne,
Ayebydan, thochtless, and eternallie hauf-drunk
Wi nectar, Athole-brose, ambrosia—nae jake for
 You—
  God there!—
But for the 'bunesaid unsocht grace, unprayed-
 for,
Undeserved
  Gangs,
   Unregenerate,
    Me.

Hogmanay postwar

Out of the yerth a cry—
An unborn bairn greits in the womb,
Deep in the nicht o Golgotha
Anubis guairds an open tomb.

The deep nicht o Europe liggs
Rank and rouch wi sleepless greit
O' guilt that never can be lown
—And lassies sellt in the booths for breid.

Hate like a tempest-baggit cloud, and fear
Like gerss green in the streets,
Famine, peste, dispeace—aawhar
Wanhope bynds aa in ae defeat.

A bairn greits in the cauldrife nicht—
Nor man nor god can hear;
The gods is deid and man is fou
—Doomdrunk he pukes his Guid New Year!

Vox humana

I gied ye words and deeds,
I gied ye bluid,
I took the dule o man to be mine ains,
My hairt ye burst on Hailie Rude
And in the mools ye—kyndlie—watered my white banes.

Humilitie I had was but the Lyon's pride,
Puirtith that was the sperit's thesaurie,
Hameless, in the armour't wuids was my regalitie,
Naukit, my brether's luve was fur and goun,
Huntit, my words like arrows rade them doun.

My name is nameless and aa names I hae—
In Athens preed the waucht o hemlock-bane
And wi the Jew was hangit on a tree,
They cried me Wallace beaten til my knees,
Wi Muir I plantit Trees o Libertie.

Hardie kent me, and Roberto Graham
And syne I soupt my jail-brose wi Maclean.
I am aa men that raised a cry,
Will ne'er be still again' man's tyrannie—
My luver's words are breathed by men in chains.

The campions by me are set on hie
And by my will tak their auctoritie,
Beggar up and ither beggar doun—
Yea 'tis aye the same, 'tis I maun aye brak stane
And I that tholes the campion's traitorie.

In slum and cote I'm born in saiklessness,
My manheid kens the lash that gets cupiditie,
And when at lenth in daith I win release
The world turns owre and derns its face
And God dreams o a new Infinitie.

In ilka bairntime there's ane
Has heard my leid and sae shall be again,
I gied ye my bluid, my life, my daith wi gyve-airns lade,
I took the dule o man to be mine ain,
I live, I dree, I dee, I live again;
Thy debts are wechtie, thrall!—I fain wad hae remeid!

A Bairn seick

O wae the wind weaves wae
Its wearie wey it wanders throu the autumn nicht
Frae far, thort continents and seas its traivellin,
    Laden wi a generation's greit—

> The Third Plenarie Convene o UNO
> Has skailit for the autumn recess. . . .

Greitan "Aie! Aie!"
    It greits in the winnock's peerie neuks
        Throu the thin streets, the cauld treen,
    Like a wraith seekan rest. Sleep and rest.
        And sleep.

The Fowrth Plenarie Convene for Control
O' the Atom Boomb has been postposuit
Due til an epidemic, amang the delegates,
O' thrush. . . .

But rest there's nane
Nor will be or my wean
Is grown til womanheid. . . .
And then . . .?

Sleep, sleep my seick Katrine,
Your mither's newlie-open'd bud,
Her flouer and her fruct.
Sleep my lassie. Sleep.
   Until she's grown til woman. Till. . . .

The Fift Plenarie Convene of God-kens-what
Has nou been summonit or dissolvit
Or suicedit or forgot
              —I canna keep up
              Wi the news thir days.

Like a wraith the wae wind owre the sleepan toun
Its coronach o gray October croons
Wearie wearie weavan its wearie wey
   Until at lenth
It croodles doun til sleep at last
By the white bedside o my ailan wean

     The Saxt etc., etc., etc. . . .

Wae the wind, wae it maens

Lulloo. . . . Lullay. . . .

  We canna sleep.

Perpetual Opposition*

I

The guid conceit o rebellie men
Is in their faith alane
No in the richt o the cause ava
For yon aye ends the same
—Tyrants up and beggars doun
As you and I weill ken.

But it's the traist in betterment
The will to sort the ills
Kennan the treason at the end
As we ken ower weill
—Tyrants they and beggars we
As is and was and aye sall be.

Here I stand, auld Chris, wi ye:
As man is ne'er perfectible
The anerlie role for a bard can be
Oppositioun perpetual
—And tyrants whiles may feel the smairt
O' the sang unsung i' the beggar's hairt.

Richt freedom's surelie follie's dream
But reason's no the bard's concern
I'm for the faith wad shift our beam
And the mote i' the ee o the unborn bairn:
Divine discontent alane
Can justifie God's weys til men
—Tho beggars walk and tyrants ride
In beggars' hairts find freemen's pride!
                              —*Mebbe!*

---

* Whether I read this pregnant thocht in ane of his or works heard the bard
tell it in conversation I canna just richtlie mynd; for all that, it's an *immortel* or
evergreen in Hugh MacDiarmid's life and work. Mair's the pitie, neither he nor I can
track it doun til a richt context—but it byles doun til this: MacDiarmid is a dour
and unregencrate Scots Republican, but (says his theorie) gin siccan government
wan throu til the seats of the michtie the morn's morn, his sel wad be the first-
maist gangan intil opposition.

Deviation Tactics

Wha stands indifferent
That has the name o man
Til aa the years hae sent
O' dearth and dule throwart the land?
The locusts flesh and fruct hae theft—
Amang white banes the hairt is left.

Like locusts ruin rade the land,
It bred a rebel crew;
Nou, tho wir hope be rock or sand
We maun ken fause frae true—
While mongers plan the age-auld ruse
To foil, or deviate, or use.

Our lugs wi contrar leid
Are deavit nicht and day
To pent the world black, pink, or reid
And win some cuif ambition's pey—
Let fules gang furth the world to free,
There's a muckle beam i' wir ain ee.

Fause prophets rowt frae ilka airt
They shall mak gowd frae dross and lees;
And tho they canna thirl the hairt
Weill I ken their niceties
Can turn the ee frae aefauld sicht
And mote be tint i' the beam's lang nicht.

Hairt gies nocht for braw new worlds
The mongers dream frae sea til sea;
At hame we've dreed their gowden pouer
O' puirtith, bribes and swickerie—
Indifferent til us aa leid
O' Erewhon that byde in deid.

But, the beam out, O Grief, be ware
The slee ploys o policie
(As "Mick or Dev?"—"Danton or Robespierre?")
—Hairt's chaumers split by mongerie
Can desecrate the martyr's gift
Like a great tree by levin rift.

To Li Po* in the Delectable Mountains of Tien-Mu†

in memoriam Robert Fergusson‡ in the Blythfu Fields
Frae the Auk§ in Auld Reekie

An ourie nicht was yesternicht,
Li Po, sir, in Auld Reekie here.
Dooms cauld it was,
Cauld as the Viking hell,
Boozan doun the Royal Mile
The hinder-end o Februar
Month o fevers
    (As, Sir Precentor, ye'll mynd weill);
The drowie haar
Like icie mouswabs
Hung in the airn streets;
No monie folk abraid; and the lamps
Glauman out like loom-bund ships. . . .
At the Canongate fuit,
Lichtless and silent as a jail
The great Palace sleepit.

But in the bar
Outby across the road
By Mary's Bath-tub, aa
Was cantie, snog, and bricht,
A cheerie howff, and a crousie companie
O' philosophers and tinks—Aa
"Scholards an' gennemen, beGode!"

—A wee thing douncome i' the world maybe
But nane the waur o yon,
I'd hae ye ken.
A man's a man!
    And has, forbye,
    Belike as nocht,
    A near-in cousin
    I' the ministrie
    Or medicine, teachin,
    Or the law—ay, *law*!
    —Jungle law, o course—
    Or maybe's a collegiate

---

* *Floruit c.* 750.   † Paradise.
‡ N. 1750.   § *Hoc fecit* 1950.

Professor (juist)
In some ither deeper mysterie
—As "Real Auld Scotch"
Or "Cute wee hures",
Petrol, fags, or nylons . . .

Etcetera . . .
Och, man, ye ken it aa!

Ay, a crousie companie, a cheerie howff
And the whiskie was liquid ingots,
Dauds o the purest gowd!
—Like Darnley's broiderit wallicoat
There hingan on the waa.

*

Hamewith, up the brae, we sang
As we were student callants aince again.
The dour nicht was rent!
The cobbles, skinklan, rang
Wi our busteous bellochin!
Frae Abbeymount houlit the muezzin:

"*La' Allah illa Alla!*"
And his prophet Pate Mahoun
There wi us in the flesh
Ay, Auld Bairdie, in the midst.

Frae the dim Palace
Throu the mist
Juist ae wee yalla licht
Glink't like a lewd auld procuress.

Hola! Hola!
Up and bar the door,
Douce burgesses my dears!
There's reivers on the toun the-nicht!
Guaird weill your liquor
And your dochters pure
For the Terrible Turk is near
With Ivan Skavinski Skavour
And eke the Bulbul Ameer!
—Turn doun a cup for Saki, tae!
And for Li Po, the Auk, guid sir,
And the Gowden Horde
O' Hippogriphs, Hughs, Seceders and Hectors,

Rab the Ranter and Rab Sir Precentor,
Clunie and the Hunter Bard
—Shennachies aa, aa shennachies, by Gar!
O mercifu Lord, hou lang, hou lang?
And a lean auld faggot Wullie Dunbar
Black as the Enemie his-sel
Hirplan alang wi girn and greit
And a tongue as rouch as the Tron Kirk Bell.
—Ay, we were a wirricow weirdlike thrang,
A touzie tregallion o tykes indeed.

   In the Palace, doun ablow,
   The ae lane yalla licht aye glents,
   Glinkan like a coorse *madame*—
   And damn the delyte has she in-ben!

   —Whiles, looman throu the wreithes,
   Phantasmagorical,
   The muckle dowp o Arthur's Seat
   Hull-doun til the elements—
   "Maist symbolical!"
   Says Smairtie. "*Lyon-hurdies*, by the Rude!"
   "The saul of Scotland sleepan sound!"
   —Aiblins. Maybe. Ye could be richt;
   I wadna ken, at that . . .
   But hae my douts.

The nicht was ourie richt eneuch;
But nocht we felt the drowie rouk
Bane-cauld, or the weet—or ocht
Ither, as I can mynd—
Hamewith mirrilie up the brae
Wi a hauf-mutchkin and hip-pint,
And screwtap chasers clinkum-clankum
In tune wi our maist important bletherin,
Our maist significant piss-and-wind. . . .
   —While the world in its daith-dance
   Skuddert and spun
   In the haar and wind o space and time . . .
   Wi nane to accolad the goddess-mune,
   Invisible, but her foredoomed elect:
The bards, the drouths, the daft, the luvers,
We!
—Ay, here was aa wir companie,
Tinks and philosophers,
True Servants o the Queen.

Ay, weill ye'll mynd, Sir Precentor, sir!
It was a guid nicht was yesternicht,
And a guid nicht, tae, in memorie
    (Tho deil the moral that I can see)
Li Po, man, by the Yalla River
Twal hunder year bygane and mair
"Wildly drinkan alane by munelicht"!
—I salute ye, sir!
Wi Rab, mine auld familiar,
Born twa centuries, syne, this year,
—A thousand younger nor ye, auld makar. . . .
Guidsakes, and I thocht, a moment, we three
Were on the bash thegither!
As weill micht be, I hope, here-efter.

—Guidnicht, then, for the nou,
    Li Po
In the Blythefu Hills o Tien-Mu.

The Years of the Crocodile

A Dirge

In the years o the maytree
The hevins were bricht
In the years o the crocodile
Nicht wantan licht.

In the years o the lily
I loed wiout loss
In the years o the crocodile
Tosspots I toss.

In the years o the rose
I read aa the bukes
In the years o the crocodile
I lossit my looks.

In the years o solsequium
I secutit the sun
In the years o the crocodile
I sat on my bum.

104

In the years o the vine
I'd a horse for the wish
In the years o the crocodile
I drank like a fish.

In the years o the lotus
I wore a lum hat
In the years o the crocodile
I sat doun and grat.

O the tears o the crocodile
Fill the Waters o Leith
And the glent o the gourmand
Sheens on his teeth.

O the tears o the crocodile
Greit for us aa
Wi a grin o content
He lowsens his jaws.

A Tink in Reekie

My lass an I in the lamplicht street—
A smirr o snaw on the wind
And she smiled as the ice took her
Lauchan up in my face a tinkler lass
As we left the randie howff
Bleezan ahint us.

Doomed we were and kent the haill o't—
We that were content wi luve
That ne'er wad ken content
Nor e'er forget
The nicht when mercie drouned
Incontinent.

She was a silent queyne
And she likit the cauld kiss
O' the snaw scuffan her face
As we turnit the corner then
—Ae nicht in Reekie's winter
When luve deed wi's.

Wishful

Green gerss hauds nae secret frae the bestial
The empyrean for birds is open buke
The fishes ken the seas, their plenitude and peril
—And I ken you, til the quick, wi a look.

Adept doutless is the priest at his dim mysteries
The spiv his quarrie spots wi hauf an ee
The corrie kens the hart, the hart the hunter
—Wad I you kent this hairt 'at trauchles me.

I've gangrel brether maybe think they guess
And I've mysel that thinks he kens—puir fule!
Wishes and wad-be words!—I want ae lass
  To ken the waukrife fever saps this saul.

Mark weill

Mark weill my hairt
Mynd ye the signs
Your daemon reads
Atween the lines.

Take tent o him
For nane can tell
Hauf beast hauf man
God or Deil.

The obscure serpent of your saul
Your nichtit sel
Nane e'er kens his hame his goal
—His Hevin your Hell.

Confront him whiles
But aye haud free
The bruckle hairt
Frae the gorgoull ee.

Bane and venom, malice
Mark his road—
Luve, tho a muckle goddess,
Is but an infant god.

We sall never Want

Och, we shall never want, witch, you and I,
The gowd that is hairt's richest tresorie—
Come aa the hazards that on Eros tend
We hae a gowden hoard put bye
    —A million in memorie.

Dailie, weeklie, we brenn aa the bonds
And princelie squauner luve til the fowr airts
Yet dailie, weeklie, it itsel renews
For ase o spendthrift luve is Eros' gowd
    —Luve's queerest alchemie.

Tho we want muckle and want maistlie time
—In time we're trulie beggars o the bluid—
Yet all of time is ours and aye will be.
For us the naitural laws suspend
    —Is pairt o the tresorie.

Och, we shall never want, witch, you and I,
Tho we be gangrels born and broken men
Our private mint's in Aphrodite's kist
And sae our credit's bundless as the main
    —Sae rich, witch, are we.

The Ineffable Dou

White Dou o Truth
Black Dou o Luve
Perpend, incline
My sang to pruve.

What ye be
Hairt canna tell
Nor mynd nor saul
That in ye mell.

What life I hae's
Hauf mine hauf thine
You speak throu me
But hauf is mine.

Dou, come til me
Lea me nocht
For she and ye
Are ane in thocht.

Nae truth but speaks
Throu cloud, as she
Lives in mysel
But isna me.

Learn me, Dou,
To be for her
As she till me
Sae that aawhar

Daith dees to see
The licht we burn
And the blind worm
Forget to girn.

Sae we shall be
Licht burnan licht
The gleid consume
Our final nicht.

Goddess, Dou,
That kills her ain
Grant me a space
To sing again

Ae final word
And syne gae doun
Hapt in the splendour
Of thy doom

When luve shall kill
At last the wound
That luve gied
Our life to stound.

Then shall our life
Become our luve
And thy fell truth
My sang shall pruve.

Sae we shall be
Made ane at last
And luve made truth
Sing frae the dust.

Goddess and Queen
Incline thy face
Our end nae end
But in thy Grace.

Sappho

For Edith Sitwell

Δέδυνκε μὲν ἀ οὲλαννα

Dwynit is the mune awa
And the Pleiades, the nicht
Is at her mid, the hours flee, and I
—My lane I ligg.

Another Version

For Hector MacIver

The howffs are shut langsyne,
The late snugs tae;
The whures are all abed
—And the Auk his lane . . .
                    Pissed, of course!

The Twal

Frae Alexander Beak

I
Mirk the nicht,
White the snaw,
The snell wind blaws,
Ca'an aa fowk doun—
The snell wind blaws
Throu aa God's mapamound.

Frae the white grund
The yowden-drift
Blaws in lacy wreithes,
Under the snaw is ice—
Slidder and glaizie. . . .
Aabodie skites around
And doun they faa
Puir craturs aa!

Frae house til house, athort the causie,
A raip is straucht whar sweys
A muckle hingan clout that tells ye:
ALL POUER TIL THE CONSTITUENT ASSEMBLIE!

An auld wife's sair fashed wi this;
She's greitan; she canna get what it means.
    What for's the muckle banner, then?
    Siccan a michtie swatch o claith?
    It'd dae for leggins for the weans,
    Maist aa o them's wantan claes. . . .

        Like a hen the auld wife
        Teeters across the snaw. . . .
        O, Mither o God, thae Bolshies
        'll be the daith o us aa!

        The wind like a whip!
        The frost like a knife—
        A bourgeois at the corner
        Haps his neb in his coat-collar.

    But wha's this? Wi the buss o hair,
    Girnan under his braith:
        Traitors! he says,
        Russia's betrayit!
    —He'll be a scryvor,
    A pennie-a-liner . . .

And yonder's a lang-gounied fellie
Stravaigan yonder by the snaw-wreithe. . . .
Are ye no brawlie thae days,
        Brither meenister?
Are ye myndan the guid auld times
When ye strode wi stuck-out bellie
And the Cross upo' your weym
        Glentit on aa men? . . .

Yonder's a leddie wi an Astrakhan coat
Bletheran wi a woman friend—
Ay, my dear, and we grat and grat . . .
        And she slips!
    Crash!—Airse owre tip!
—Oh, michtie me!—I' the name . . .!
Heave awa, lads! Up wi her! Up!

The snell wind's feelan grand,
Ramskeerie and blye—
It blaws up lassies' skirts
And blaws doun passers-by,
The muckle banner it ryves in twae,
Shogs it and shaks it and blaws it agley.
ALL POUER TIL THE CONSTITUENT ASSEMBLIE!

—And, on the wind ye hear:
 . . . We had an assemblie, tae . . .
 . . . In yonder muckle haa . . .
 . . . Had a grand discussion . . .
 . . . Passed a resolution . . .
 . . . Ten bob for a short-time, a quid for the nicht . . .
 . . . And no a tanner less . . .
 . . . C'mon, let's doss . . .

The nicht's weiran on,
The causie tuim,
Anerlie a vagabone
Shauchles around.
—*And the souch o the wind . . .!*

    Hey, ye tink!
    Come here—
    I'll no *eat* ye . . .!
    Here's a bit breid!
    —And what neist
    For the likes o me?
    —Och, tae hell wi ye!

The lift is mirk, mirk.

Hate, dowie hate
Teems in the breist . . .
Mirkie hate, hailie hate. . . . .

Brither!
    Tak tent!

II

The storm roves on: the snaw swirls round . . .
Twal men are mairchan throu the toun.
Their rifle-slings are black . . .
Around them fires, lichts, in the mirk.

Fags in their mous and bannets a-cock,
They should hae Braid Arrows on their backs.
      Freedom! Freedom! Libertie!
      Nae Kirk for me!
      Aroo! Aroo! Aree!
    It's gey cauld, fellies, gey cauld!

Johnnie's gane til the howff wi Kate . . .
In her stockin she's siller eneuch for them baith.

And Johnnie's got lashings . . . I'm tellan *you*!
He was aince ane o us—he's a sodjer nou!

Weill, Johnnie, ye bystart plutocrate,
Juist you try and taigle wi my wee Kate!

      Freedom! Freedom! Libertie!
      Nae Kirk for me!

Kittie's gey chief wi Johnnie the nou!
And what wad her business be—the cou!

      Taradiddle! Aroo! Aroo!

Aa around us gleids are glinkan . . .
Across our shouthers rifles hingan . . .

Watch your step, my traistie fiere!
The enemie sleeps gey lichtlie here!

Brither, tak your gun i' your hand!
A round for Hailie Russia, man!
    Russia the raucle-hairtit—
    Russia o the wuiden cots—
    Russia wi the muckle hurdies!

    —Nae Kirk for me!

III

Ay, and sae wir laddies are went
A-servan wi the Reid Guaird—
A-servan wi the Reid Guaird—
Their rampish heids'll sune be tint!

We's wearie-wae, nae dout,
But life is fun!
Wi a raggit greatcoat
And an Austrian gun!

Ay, we shall fire a michtie gleid
And wae for the bourgeoisie around us!
Throu aa the world a gleid o' bluid—
Wi the blessing o' the Lord upon us!

IV

The snaw swirls, a cabbie yalls,
Johnnie wi Kittie hurlan by,
Bleezan lamps to licht their wey . . .
     On ye gae, then, on ye gae! . . .

In his sodjer's greatcoat Johnnie's braw
Wi a daftlike grin on his maw,
Twirlan and twirlan his mustachiaw!
      Twirlan it up and doun
      Daffan like a loun . . .

Ech, what a braw lad is our John!
Ech, what a gift o' the gab has John!
See nou, she's in his airms—the hure!
He's talkan her round . . . and round . . .
     and owre . . .

Kittie flings her heid back nou,
Teeth white as pearls in a bluid-reid mou . . .
     Ach, my Kittie! Ach, my hinnie!
     Wi your round wee mug sae bonnie!

V

On your craig, my Kittie,
My dirk-scaur winna heal—
Ablow your bub, my Kittie,
Anither skaith as weill!

Hey, jig a jig, O jig for me!
Silken shanks are guid to see!

113

Ye flichterit round in slips o lace—
Flichter round, then, aa ye wish!
Wi officers set a bonnie pace—
Gang the pace, then, aa ye wish!

> *Hey jig a jig, O jig for me!*
> *My hairt lowps in the breist o me!*

Div ye mynd yon officer, Kittie—?
My dirk he didna 'scape . . .
Div ye mynd him, shyster Kittie?
Your memorie's unco blate!

> *C'mon, I'll fresh your memorie*
> *When I'm atween the sheets wi ye!*

Ye were braw in dou-gray gaiters, then,
And staw'd your gob wi Mignon chocs;
Ye'd officers for your joes, then,
But nou ye've juist the jocks!

> *Come spreid your hochs for me, hen!*
> *Your saul will feel mair cantie, then!*

VI

Aince mair the droshki hurls by,
Fleean, yallan, doun the street . . .
Halt! Halt! Hey, Andra! Here!
And you rin round ahint them, Pate!

Crack-tararack-tak-tak-tak-tak!
The snaw swirls liftward frae the track!
John and the cabbie dash doun the road . . .
We'se gie'm anither round, lads! Load!

Crack-tararack! Maybe yon'll learn ye
To gang wi anither's lass, my bairnie!

Och, the bystart's awa! But nae hairm!
The morn's morn he'se get his fairin!

But whar's my Kittie?—Deid!—She's deid!
Stairk wi a bullet throu her heid!
Weill, Kit, are ye brawlie nou?—Nae word . . .
Ligg there i' the snaw, then! Feed the birds! . . .

Watch your step, my traistie fiere!
The enemie sleeps gey lichtlie here!

114

Forrart aye the twal men mairchan,
On their shouthers rifles hinagn,
But ne'er a gliff o the dowie face
O' the puir laddie 'at murder'd Kate.

Aa the while his pace
Gets quicker and mair quick,
The clout around his craig is taiglit,
He canna set his sel to richts.

Ye're awfae doulie, brither!
Whit gars ye be sae wae, Pate?
Why be sae douncast, Peter?
Is't grievin for your Kate?

Och, guid fieres o mine,
I loed the queyne . . .
Nichts wi her I mynd
Mirkie and ree wi wine—
And, for the bricht defyant
Lowe in her een,
And for yon purpie birth-scaur
On her richt shouther,
For thae, like a fule, I shot her,
Ay, in my wuddreme murder'd her. . . .

Ye muckle sumph, are ye greitan, then?
Are ye a lassie, Pate, or a man?
Wad ye like maybe to flype your saul
Insides out, ye glaikit fule?
Haud up your heid! C'mon!
Pull yoursel thegither, man!

Hit's no juist the moment
To nurse ye like a wean!
And there's muckle waur coman,
My auld friend!

And Peter slaws
His borneheid step,
Lifts his heid
And sune cheers up. . . .

Hey, jig a jig, O jig for me!
Whit's the crime in a wee bit spree?

Steek your winnocks, steek your doors—
There's thieves about, my douce neibours!

Unslot your howffs, set up a gless! . . .
There's drouthie tinks in toun, my lass!

VIII

Och, we's wearie-wae!
Dowie and dreich!
Bored til daith!

But I'll fill up the time—
I'll fill it tae hell!

Wi a lassie to daff wi—
I'll daff her tae hell!

I'll scart my powe—
I'll scart it tae hell!

And chow my baccy—
I'll chow it tae hell!

And flash my shiv
I'll flash it tae hell!

Flee awa, bourgeois, like wee speugs!
Or I'se soup your bluid
For my wee luve's sake
Wi her brous sae black. . . .

Grant peace til Thy servant's saul, O Lord!
Christ, but I'm bored!

IX

Quaet is aa the citie nou,
Neath Nevski Touer aa is calm,
There's deil the polis in the toun—
Cheer up, fellies!—tho we haena a dram!

The bourgeois stands at the street corner
His neb weill-happit in his collar,
By him a scruntie tyke is standan
Chutteran wi tail dounhingan.

The bourgeois stands like the stairvan tyke,
Stands speakless like a question-mark—
Wi 'ts tail atween its legs, at his back
Stands the auld world, like the hameless tyke.

X

The cavaburd aye rages snell.
    Aye the wind! Aye the snaw!
Tane canna see the tither ava
    Fowr steps awa!

The snaw in a spiral whirls,
The snaw in a spielan column sworls. . . .

Jeez, what a storm! . . . O, Christ abune!
—Hey, Pate! Dinna stairt on yon!
What guid's your Christ e'er dune for you?
Ye're an ignorant gett! Is there nae
Reid bluid on your hands, aye weet,
For luve o your Kate?

Revolutionaries, mynd your step!
The enemie's near and doesna sleep!

    On! On! On!
  Workers o the land!

XI

And, fleeran at the hailie name, they mairch,
    Aa the twal, on and on . . .
    Redd for ocht,
    Dauntit by nocht. . . .

Their steel rifles at the readie
For the enemie unseen
In the tuim and mirkie closes
Whar the blizzard blaws its lane,
The snaw-wreithes sae saft and deep
Your buits're near tint at ilka step. . . .

And waffan at their heid,
    A flag, bluid reid.
    An echo's heard
    O' a meisur't step.
    . . . Tak tent! . . .
    Our enemies never sleep.

And the cavaburd blaws aye in their een
    Nichtlang, daylang,
    Wi nae devall. . . .

      On! On! On!
    Workers o the land!

XII

On, on, they mairch wi solemn pace. . . .
Wha's there? Out wi ye! Out!—
It's nocht but the wind that bangs
Their reid standart about.

Fornent them the cauld snaw wreithe. . . .
Wha's there? Out wi ye! Out!—
It's nocht but the hameless hungert tyke
Dreichlie hirplan about.

Out the road, ye touzie tyke!
Or I'se kittle your ribs wi my bayonet!—
Auld world, ye touzie tyke,
Be aff, or be stuck, ye gett!

He bares his fangs like a faimisht wolf,
His tail hings doun, but he winna muve,
The messan tyke, the chutteran cur—
C'mon nou! Speak! Wha gangs there?

Wha's yonder, wi the Reid Flag? There!
Can ye see the man? It's mirk as hell!
Wha's yonder, rinnan by the houses?
In the shadaws dernan his sel?

Och, never heed—I'se get ye yet!
Surrender, man, for your ain guid!
—Nou then, brither, ye've been tellt!
Come out!—Or we shoot!

Crak tak-tak!—Nocht but the echo
Dinnles frae ilka house . . .
Nocht but the gowlan cavaburd
Lauchs frae the snaw-wreithe in the close!

      Crack-tak-tak!
      Crack-tak-tak! . . .

And sae they mairch with sovereign tread . . .
At their heels the stairvan tyke . . .
The bluid-reid standart at their heid . . .
And, skaithless frae their bullets' flicht,
Seen by nane i' the snawblind nicht,
Throu the storm wi lichtlie pace,
Aa besprent wi pearls o ice,
His croun a white nimbus o roses,
Aye at their heid there mairches—Jesus.

The Gangrel Rymour and the Pairdon of Sanct Anne

Frae Tristan Corbiene

Sainit is the fouthless shore
Whar, like the sea, aa is nude,
Hailie is the fremmit kirk
O' Sanct Anne-de-la-Palud,

O' the Guidwife Sanct Anne,
Guid-Auntie til the bairnie Jesus,
In the rotten wuid o her soutane
Rich, mair rich nor Croesus.

By her, the shelpit wee Virgin,
A spindle, onwytes the *Angelus*;
Joseph, wi his candle, skouks in a neuk,
Nane nou to fête his sanctliness.

*

It is the Pairdon—blythness and mysteries—
The cowit gerss is routh wi lice. . . .
—*Sanct Anne, consolatioun o spouses,
Balm o the guid wifes!*

Frae Plougastel and Loc-Tudy,
The burghs round about,
Fowk comes to set their tents,
Three days and nichts—or Monday's out.

Three days, three nichts the muir graens
Heedan the auld ritual,
—Seraphic choir and drucken sang—
The SPIRITUAL CANTICLE.

O, Mither hackit frae hairt o aik,
Dour and guid, wi dunts o an axe,
Aneath the gowd o her robe she derns
Luve in the likeness o Breton francs!

—Auld Greenie wi the face worn
Like a stane wi the fluid,
Runkelt wi the tears o luve,
Crynit wi the greit o bluid!

—Thou whas skruckenit breist
Remade for itsel—
Haean cairrit Mary's virginitie—
The virginitie o a male!

—Proud servant-maistress
Hie amang the maist hie;
But, til the puir world, unproud,
Leddie fou o proprietie!

A kent for the blind! A crutch
For the auld! For the newborn an airm!
Mither o the Leddie your dochter!
Mither o ilka vagabairn!

—O, Flouer o the young virgin!
Fruct o the wife wi muckle breist!
Leddie o Mercies for the wedow-man!
For the wedow-woman an altar o peace!

—Ark o Joachim! Ancestral mither!
A medal o forworn bress, ye!
Hailie mistle! Fowr-leafit clover!
Mount o Horeb! Seed o Jesse!

—O, thou that smoorit the grieshoch,
That spun as we did at hame,
When the gloamin begood to faa,
Haudan on your knaps the Wean;

Thou workan there your lane, to mak
His bairnie-clouts at Bethlehem,
And there to stitch his mort-claith
Sae doulie at Jerusalem!

Your runkles are deep corses,
White as cotton your hair . . .
Haud aff the Ill Ee o yeldness
Frae the crib o wir bairns' bairns. . . .

Gar thae come, and hain them blythfullie,
That are unborn and that are here,
And, when God isna lookan,
Owre the damned pour out your tears!

Tak back in their white gounies
The bairns that are seick and hangie,
Cry back til an ayebydan Sabbath
The auld that trauchle wearilie.

—Dragon-chaperone o the Virgin,
Guaird the crib wi your ee,
While by ye Joseph the porter
Guairds the house's respectabilitie!

Hae ruth for the mither-lassie
And the bairn at the roadside . . .
Gin onie cast a stane
Gar it cheynge intil breid!

—Leddie that's guid by sea and land,
Shaw us the luift and the harberie,
In war and in tourbillioun
Lantren o the guid daith are ye!

Lawlie: ye've no a sterne at your fuit,
Lawlie . . . and wurdie for hainin aa!
Your veil furthshaws in the luift,
Peril's blae aureola.

—Til the faaen whas life is gray
(Faaen—pairdon me—wi the drink taen)
Furthshaw the knock on the kirk touer
And the road hame.

Lend thy douce and saikless gleid
Til thir Christian sauls. . . .
And your auld wife's remeids
As weill til thy hornit bestial!

Shaw our wemen and servant-lassies
Dargs and fecunditie. . . .
—A handsel til our auld folks' sauls
E'en nou in Eternitie!

—We'se set ye a ring o candles,
O' brent-new yalla candles, round
Your kirk, and we shall tell
Your Laich Mass at skreak-o-dawin.

Hap thou wir riggintree
Frae the Deil's work and ilka freit . . .
At Pace ye'se be gien
A mirligae and some threid.

Gin our bodies stink upo the yerth
A halesome bath is the grace o ye:
Pour out upon us in the mools
Thy guid odour o sanctitie.

—Til a towmond!—Here's your candle:
Twa pund it set me!
Respecks til my Leddie the Virgin,
No forgettan the Trinitie.

*

And, shauchlan on their knaps,
The faithfu in their sarks—
Sanct Anne, hae pitie on us!—
Gang thrice round the kirk,

And drink the hailie water
Whar the sca'd-heid Jobs hae lauvit
Their smittle naukitness. . . .
Gang your weys! Faith has ye sauvit!

It's there the puir foregaither,
The brether o Jesus.
—It's no the court o miracles,
The holes are real: *Vide latus!*

Are they no divine on their hurdles?
Haloes round aureoles o vermeelion,
Thir proprietors o scurls,
In the sun the live cornelians! . . .

Houlan, a rachitic
Shaks a baneless stump,
Joustlan an epileptic
That works in a sump.

There, beilins grow on the runt o a man,
Here, mistle on the runt o a tree,
Here, a lassie and her mither
Dansan Sanct Vitus's jiggerie.

Anither shaws the shanker
O' her infeckit wean:
He auchts it his faither. . . .
Nou the breidwinner's the blane.

Yonder's a born naitural,
Ane o Sanct Gabriel's visitatioun,
In the ecstasie o saiklessness . . .
—And gey near salvatioun!—

—But, bycomer, look! Aathing bygaes.
Lown is the naitural's ee,
For he's in the state o grace . . .
—And Grace is Eternitie!—

Efter vespers, amang the lave
Sprent wi hailie water, a cadaver
Thrives, livan by leprosie,
—Memento o some crusader . . .

And aa thae that the Kings o France
Made haill wi a finger's pressure . . .
—But France has nae mair kings,
And their God hauds back his pleisure.

—Cheritie in their bedesman-bouls!
Thegither our forebears hae cairrit
Thae fleurs-de-lys o scrofulie
That the elect inherit.

Miserere for the revels
O' the cancers and the lippers!
Thae crutches can dunt ye,
Thae runts there are nippers.

Hae a shot, then, ye gleg yins,
But tak tent o your skin:
Mynd thae boulie shanks—and airms!—
In the *Kyrie eleison!*

. . . And, lassie, that's come to watch
And tak the air, turn awa!
Aiblins frae out the ither rags
The rags o flesh will shaw. . . .

For they hunt there, on their estates!
Their pelts are their gowpan scutcheons:
—The richt o the Laird til their claws! . . .
—The richt o the Lord in-ben!

Stacks o *ex votos* o rotten meat,
Carnel-house o the elect for salvatioun,
In the Lord's house they are at hame!
—Are they no his creatioun?

They thrang in the yerdin-grund,
Ye'd think the deid had gane agait
Haean ruggit frae neath the stanes
Nocht but limbs ill-set.

—*We*—we maun wheesht! *They* are sauntit:
It is the wyte o Adam's sin,
By the finger o the Abune they're brandit:
Blessit be the hand o the Abune!

Scapegaets o the muckle riff-raff
Here ablow loddenit wi forfauts,
On them God outbocks his wrath! . . .
—The minister o Sanct Anne is fat.

*

But ae braithless note,
An echo trummlan on the wind,
Comes to brash the drizzenan drune
O' this stravaigan limbo-grund.

A human bouk, that's rairan,
Stands by the Calvarie;
It looks like ane hauf-blind;
Wi nae tyke and but ae ee. . . .

124

It's a gangrel rymour
That gies the fowk, for a farden,
The Ballant o the Vagabone Yid,
Abelard, or *The Magdalen.*

Breathan like a dredgie,
Like a dredgie o hunger itsel,
And, dreich as a day wantan breid,
Dowilie, its wail. . . .

Wae bird, wantan fedder or nest,
It sings as it breathes,
Round the puirs'-houses o granite
Vaigan whar instinct leads. . . .

Doutless it can speak tae,
And, juist as it sees, can think:
Afore it aye the hie road . . .
And, when there's tuppence, there's drink;

A woman, it looks; wae's me!—her clouts
Hing frae her, wi twine upkiltit:
Her black tooth hauds a pipe, gane out . . .
—Life's aye some consolation intil't!

Her name?—She's cried Miserie.
Hap saw her birth, and yerth
Will see her daith . . . nae
Differ—for the maist pairt.

Gin ye should meet wi her, makar,
Wi her auld sodjer's poke:
It's our sister . . . gie her—it's holidays—
A bit baccy, for a smoke!

Ye'll see her runklie face runkle
Wi a smile, as in a tree;
And her sca'd hand will mak
A true sign o the Cross for ye.

from
The Aipple and the Hazel
1951

The Aipple and the Hazel

She was a witch
Her mysteries nine
I' the hailie wuid
Whar the muses reign
And the aipple and the hazel are as ane.

In the youth o the world
When Deirdre walked,
Bards had a calendar o treen,
Their number and divinitie ilkane
—The aipple and the hazel were the ninth o them.

Secret number o the Muse
Under the white mune,
Hazel was for sang and luve,
The aipple immortalitie
And daith for onie skaithit them.

Across the room
Her een, her lips
Said "Here is your witch,
Your nymph o the mune.
I hae a sang that has nae end".

Outby, the Queen
Outrade the storm
And the black rain
Drummed abune
—The goddess lay in the hazels' shrine.

"I'll gie ye a bauble,
A gean wi nae stane,
Minion o the hazel-
Tree and the mune"
—And a sang that has nae end, she sang.

In the hazellie shaw
The sang o the Nine,
My luve and I
In a wee room lain,
The midnicht of aa luve in her een.

The aipple and the hazel
Whar twice the nine trees reign
Fruct and flouer at aince,
Priestess and bard as ane,
—And the sang nae end, and the gean nae stane.

She was a witch,
Her mysteries nine,
I' the hailie wuid
Whar the muses reign
And the aipple and the hazel are as ane.

The Mune May

I hae a mune may
A witch is she
Cries "Bard, come away
Til a nest I ken
Whar you and I
Can loe till dawin
But or day daws
Hame I maun flee".

In a dernit nest
Like a hallow tree
In a garrety house
On a stey stey brae
There we convene
Whar nane can see
But the white mune
My witch and me.

The licht in her hair
By the mune kisst
And the mune's dew
Weet on her lips
The sang in her mou
Has me bewitcht
And aye she sings
Luve's bitter-sweet.

She means it nocht
For aye this She
Is a wee thing wae
When she's maist blye
Like the mune's sheen
In midnicht wine
This nymph o the mune
That's bunden me.

I hae a mune may
I canna flee
Nor would gin I could
For my luve is she
In the dernit nest
I' the hallow tree
Whar we convene
My witch and me.

"Go to Bed, Sweet Muse"

My witch sings by the licht o the mune
Och and her sang is bitter-sweet
Smile as she sings but in the end
The hert is fou wi greit.

Lassie wi the mune-kisst locks
Aa the seas o the North in your ee
Ye've me beglaumert, I'm guid for nocht
—"Go to bed, Sweet Muse", sings the hazel tree.

She sings and syne the lowe-licht dees
And silent in my airms she's lain
We hae anither sang to sing
—"The aipple and the hazel are as ane."

Made when Boskie

Yestreen, ah yesternicht
Princes o the bluid we ran
My witch and I
Throu the nichtit toun that cried us soverane
The gods were wi us
Rivers o whisky ran
And credit credit aawhar for the drinkin
The Goddess wi us tae
Hert and pairt, lamp-licht, lowe-licht—
Ach, but our divine debocherie was sweet
Yestreen, ah yesternicht
The aipple and the hazel were as ane.

Yestreen, ah yesternicht
Rowth and fowth wi surfet tuim'd the gless
And aa as douce as hinnie-dew
As ye, my midnicht lass
As luve the benefactor o the feast
Ah Dionysos, weet my lips!
Ah Selanna, cool my brou!
      Io! Io! Iacche! Io!
Beluvit we o the gods and mortals baith
Ay aa the birlan race
Boued doun to worship at her face
And time itsel stude by
To aid our sweet debocherie
Yestreen, ah yesternicht!
When the hazel and the aipple were as ane.

Yestreen, ah yesternicht
Betwix her lips and mine nae shadow fell
Nor sall faa, my Horatio!
Here's mair nor thy philosophie can tell—
The little sternies, e'en, in their degrees
Conspired to gie us time and space
Langour and laurel'd ease
For aa wir luve and lemanrie—
All, aa, bewitcht as me
By ae mune-maiden's face
And the sang that had nae end
Yestreen, ah yesternicht!
Ay, but our fine deboch was sweet—
And the aipple and the hazel were as ane.

from
Cokkils
1953

Cokkils

Doun throu the sea
    Continuallie
A rain o' cokkils, shells
    Rains doun
Frae the ceaseless on-ding
O' the reefs abune
    Continuallie.

Slawlie throu millenia
Biggan on the ocean bed
Their ain subaqueous Himalaya
Wi a fine white rain o' shells
Faa'an continuallie
    Wi nae devall.

Sae, in my heid as birdsang
Faas throu simmer treen
Is the thocht o' my luve
Like the continual rain
O' cokkils.throu the middle seas
    Wi nae devall—
The thocht o' my true-luve
    Continuallie.

Journey's End

Never, thocht I, again shall I seek out
The kingrik, fell domain
O' Aphrodite's perilous regalitie
That lives on bluid and hert
And harns and heid and saul o' men
And the attar o' the spreit's divinitie.

Leeze me nocht on luve nae mair, said I,
Her skaith is owre dour for me;
Lea me til the storm and tourbilloun
The gurlie sea and the wind that rocks the stane
Athouten cheritie and profitless;
Lea me til my kith and kind
Gangrel and broken men
Bards and the luve-lit lassies o' the mune.

Come sleet, come fire,
Come snaw that freezes fell
The wind, the rain
And water that will aye
Outweir the stane—
But leeze me nocht on luve nae mair
Her skaith is owre dour
And lang owre lang to hail.

Hou could I, luve's feckless vagabone
Victim o' sae monie wae campaigns
Win hame nou til this seilfu hyne?
The Threefauld Goddess nou at last
Efter sae lang the Slayer
She, Unmercifu Destroyer,
Nou incline her aspect maist
Propitious? —Tis aa to bless
Her nymph she sent til me—

Efter lang seekin, efter sae lang
In weirdless wud Walpurgisnacht
Coast hame, tie up, in leefu harborie
Whar my witch smiles onwytan me—
Een o' the Pythoness, deep as a bairn's
Amang Titania's mune-kisst croun o' hair.

Gala Water

O luve, O daith, O dayligaun
The wine o' youth winna haud for aye
My lassie by the muirland dyke
Kens aa the silly whaups forecry.

O Gala Water, Gala Brae
And I no wi her as she gangs
My hiech hert bleeds, I fear its drum
Ae day maun droun in its ain ebb-sang.

The Reid Reid Rose

It is wi luve
The thick bluid dreeps
It is wi luve
The een owrehing wi sleep
It is my hert there skaitht
Wi hers, and deep
The twafauld spate
Thegither grows
Bluid-choked in the teeman hert
O' the wearie burnan rose.

The Quenchless Gleid

Nane eer loed as we
Nane shall again
We were the first and last
O' a doomed royal line.

Tho ilka luver tells the like
Their aa's but a peerie pairt
O' this entire combustion,
Daith-drouthie, o' the hert.

Nane afore and nane again—
We the weirdit heirs
As salamanders burn unskaitht
In her quenchless fires.

Goddess, be gentil nou
Douce til thine ain—
As we burn here in the hert o' the gleid
Fire-born til fire again.

Her Dominion

Luve cam like the lilt o' spring birdsang
In wild aefauld delirium
Took aa my open saul and nou,
As Dian has imperium
Throu aa the milkie glens
Her firmament,
Luve rides my ruined roads
In hert has her dominion
And I, at last, content.

?Daithwish?

E'en tho this luve suld end
Hou could our herts eer ken?
For here sae deep we're whalmit in
Its end our ain wad be—

The white mune smiles, for weill she kens
Aa rivers seek the sea.

from
Omens
1955

Time Be Brief

Time be brief
My fair luve far—
Time be brief
Our twynin's sair
This wearie week
I wad be whar
Titania sleeps
Amang her hair.

Time be brief
My witch is far
Lang thir nichts
And langer mair
The wearie days
Her face aawhar
Her voice that speaks
In aa I hear.

Time be brief
The hert is sair
Days be rathe
Nichts, draw her near—
Time time be swith
My constant prayer
This wearie week
Wantan my dear.

Time be brief
My true-luve far
Rin on auld week
And bring me whar
She bydes for me
And I for her—
Time be brief
My true-luve far.

Queen Murderess

Queen murderesss
This cruel luve we hae
Grows muckler wi its bluid let
Eros by murder waxes fat.

Queen murderess
While the hert bursts
Goddess and patroness
Ye grow steir and gross
Wi the bluid o luve we loss.

Queen murderess, I curse and ban ye
Merciless as the greater daith
But in this dumb faiblesse
Hou can we judge or guess—?

Can luve in sicna straits
Eer ken what's curst, what's blest?
And can ye, as ye kill me.
Queen murderess,
Care less?

Never, Never!

Never, never, never, never!
(Bird sang in the bare tree)
Naer owre late and naer owre sune
To fetch my leman til me.

Never, never, never, never!
Tho the mools suld smoor me
Never wad I flee the weird
Brocht my leman til me.

Och my luve and och my dear,
Did the bird sing trulie?
—Aa the weird writ in my loof
Is "Ear or late I loe ye."

Never, never, never, never!
(Bird sang in the bare tree)
Let me see the dim or daw
Taks my leman frae me.

Omens

The lane hills and the mune
(Nichtertale in Yarrow
Under the Gray Mear's Tail)
—By me the white coronach
O' rairan linn
Skriddan and cataract
White i the wan
Licht o the sickle mune.

Throu the blae gulph
O' mune and mirk
Athort my vision suddenlie
A lane white bird
—The screich o the linn
At my back, and abune
The far and numenous mune—
Silent, the bird, and was gane.

O, my hert, and I kent nocht
The gods' intent
Nor kent their omens'
Truth or this
—But what gin I had then
The kennin I hae nou?
—Maybe's as weill our een
See little, and far less
Can understand.

The Tarantula of Luve

Luve, it is deeper nor us, this bane
Our problem, ecstacie, this passion
Semple and eyetooth pain
In its ain labyrinth—the classic situation.

Here the tarantula is king
Mated wi despair and fed on hopes
And spins their fell conjunction in
Our ravelled horoscopes.

What use the talk, the torment,
The minotaur's rank braith upon us—?
And Goddess, God and our bairns' bairns
E'en nou greitan for us.

Mareeld

I hae kent magic, ferlies, glamorie
(Pour poète c'est son métier)
I've kent the freits and fancies
Spaedoms, auguries and ominous ongauns
O' the dernit demimonde, and tae
I've kent the nichts the days unnatural
When aa the elemental world
Was in a lowe o rackless divinactioun
Potestas and grugous majestie—

But ae nicht I mynd i the island west
Outglamert aa, aa emanatiouns
O' the unpacified, the unappeased
Divine Selanna, empress o the seas
O' venerie and nicht . . .

D'ye mynd we trailed our fingers owre the side
And saw the mareeld i the waters o Carron?
A sang gaed owre the cauld and lither swaw—
There was juist the lichtliest peeriest braith
O' a deean wind i the sail—
Deep nicht, and a ring o human lichts
Far aff on the human shore—
She by my side and the mareeld white
Elvish bewitched munesiller flake on flake
Flichterie-fleeterie fleean in our wake . . .

144

We sat and trailed our fingers i the ferlie
Leuch i the nicht was there for aye
Invoked the mune our patroness and queen
Blessed her and leuch again
For very blythness and the luve we had.

—It was the end o simmer and wad never end
Yon nicht we saw the mareeld
I' the secret waters o Carron.

Aa My Life

Aa my life, my leman said,
　　Aa my life leelang
Thou sall be my luve alane
　　Aa my life leelang.

And sae sall be, my dearest luve,
　　I'll nane but thee belang,
Till daith sall see us beddit doun
　　As in life leelang.

Aa my life, my leman said,
　　This be our ainlie sang—
We'se gie auld Dis a kyndlie kiss
　　When time it is to gang.

But here we've aa our life to loe
　　Aa our life leelang
—We'se sleep hereafter, lou me nou
　　And aa my life leelang
　　　　　　　　　　Leelang—
　　Aa my life leelang.

Under the Eldon Tree

1948

Revised 1954

I. Bards Hae Sung

Bards hae sung o'lesser luves
   Than I o'thee,
O, my great follie and my granderie,
That nane kens but anerlie thee.

Aa the haars that hap the yerth
   In jizzen aince again,
   Swirlan owre the world
O' the centuries' great poesie,
   Can smoor the names of aa,
     Aa memories—
But yours, Ward o'black-maned Artemis,
The Huntress, Slayer, White Unmortal Queyne,
   That aye shall byde undeean
   In this the final testament
   Infrangible as adamant—
   O' this dune bard afore
   His music turns to sleep, and
The endmaist ultimate white silence faas
Frae whilk for bards is nae retour.

II. There's Monie Anither

i

There's monie anither bard alive the day
   In Scotland and the Isles
   Maist kenspeckle and renouned,
   Far-famed in their maisterie,
Aa maist dexterous and wurdie o makars—
   But anerlie I, my queyne,

149

Could ever scrieve this leid o' thee
For anerlie I, excessive in aathing,
            Wad eer commit
The follie o' loein ye
Til siccan a daft extremitie.

ii

Forbye there's feck o'bonnie and cruel wemen i' the land
    Maist perfit o' God's craturies in fairheid,
    Haean ilka grace and attribute praise-wurdie
        By a bard
            —Whas names I winna name,
    Being skeerie o' their jalousie—or yours—
        That I could mak immortal wi a verse
            —But nane o' thae
        Wad tent compairisoun wi ye:
For aa their whiteness is as pitch aside your snaw,
Their hair but towe aside the raven wing,
Their een as flints til your bricht emerants,
Their mous as brick aside your lips o' gean,
Their lire but hamespun by your velvous schene,
Their hands as but a hynd's are til a queen's,
Their thies but sticks aside your floueran dunes,
Their breists auld bitches' dugs til your white domes
            O' hinnie-dew—
        Ah, my black swan, maikless are ye,
            The Koh-i-Noor and A-per-se
            O' womanheid.

iii

Forbye, there's ither subjecks for a makar's pen
        Maist wechtie and profund indeed,
Maitters o' war and peace and dour debate
Of foreign levie and domestic malice,
As the preachers say
                —But no for me!
As weill gie me the wale o skillie or drambuie
As scrieve a leid o' politics or thee!
You are my subject anerlie, there is nae ither
            Fills my musardrie,
Nae word but your name in my dictionarie,
The heidlines in the news mean nocht til me
        For your name isna there,
        The faces in the streets
Micht aa be walkan neaps or tattie-bogles,
Or aiblins a new race descendit frae the mune—
    I kenna, carena, for I see but you.

And scrievin sangs o' ye
Is aa my haill activitie,
The occupatioun o' my waukan days,
The dwaums that thrang my restless nichts,
    The bouk in clouds,
    The figures i' the reik,
    The ferlies i' the gleid
And in the trunks o' auldern treen
                Is aye the face
                O' my dear lass.

                        iv
You alane, the minion o' the race, and I,
Made great by my afflictioun that is you,
Are here rancountered at this flude o' time
To raise this monument—and cease.
Biggit wi bluid and greit
                    —And your damned flichterie!

                        v
You and I for wham the centuries hae conspired
Are melled thegither here like twa elements
                Of air and fire
Whas happie confluence in some divine laboratorie
    Concocts a new untolerable catalyst
        Whas pouer and potencie
For sel-destructioun, ruin, hell,
    Like a bombardment o' the saul's uranium,
Owregangs and stauchers aa "foregaean computatiouns"
    (—Sae that e'en the experts are bumbazed and speakless
                        For the first time on record.)

Insulate by the gods frae ither mortals—
Whan thegither, whiles, a skimmeran licht,
    Men say, plays round our heids,
Our hands become electric til the touch
And the causie brunt and smouchteran ahint our feet.
        A divinitie doth hedge a king
    But our aureolie is surelie frae the pit;
Weirdit, we are set apairt for ruin
        —And weill I ken that this fey exstacie
        Is nocht but Luve's Hiroshima.

The gods hae laid their plans throu a billion æons
  O' the myndless birlan universe
At length to venge their enmitie on man
  (That put them on their seats to comfort him,
  Tochered them wi pouer unprincipled
  And syne forgot them utterlie.)

Nou they wad ding for aye the treisured name o' Luve
  That is their anerlie rival on the yerth
    Wi this last cataclysm here—
  Whar-in I helpless burn and you
    Gang no unskaithit.
We are the sport of the gods, my luve, to gie
    Gigmanitie for godlike ends
    A Spectacle of Follie!
                —And they've gotten it!—
  This our testament.

III. We Hae Loed Muckle

We hae loed muckle, follie mine,
  But gane is aa wi the wind—
  Here is ending, here the end,
  The ultimate great sang
  Rounds aff the lustrum.
The sevin-pinioned bird is turnan
  Nou in wide forfochen sweeps
Intil its silence on the muir o' winds

Whar nocht but words hert-lucken ring
  Again in the doitit lugs
O' thae that saw their Tir-nan-Og
Within the raxin o' hands, bricht
  On the haaf's gray brink
  At sun's first dwynin,
Far in the Wast ayont the watergaw
  Bouled hiech in hevin's pend
Athort the weet Atlantic haar . . .

Whan the seas' brash on kelp-green skairs
And the banshee-scriech o' the outruggan swaw
  Throu a myriad glentan stanner
Sang wi the music o' the spheres

And in the morn
   Saw nocht but fraith, the tuim spase,
     Heard nocht
   But the drear sea-birds' mae.

I V. I, Luve-Doitit Bard

I luve-doitit bard o' the Westren World
   That saw but couldna win
The Fortunate Isles ayont the westren sun
   Forge this last testament to stand
Heroic wi the tale o' Helen, Cleopatra, Lesbia,
   Wi Morfydd, Dido, Heloise
   And Marie o' the whitest blee—
  As Rab his Mary, Hugh his Jean,
   Sae I nou sing o' thee,
My ain Perdita, Phryne, Cynthia.

   Aa yon bonnie cruel thrang
   O' wemen lit unmortal luve
For bards to fleer the gods wi pride
And tak the lowes o' hell for cauldrife comfortin!
   Sae I here enumerate
   In yon fell companie for thee
   My torment and my exstasie,
   Whas like disdain took me,
Held me and gied me Paradise enow
For aa the gowden green Hesperides were mine
   —For nocht but fulerie.

   Och weill, it was your richt, I ken,
   To gie, syne to withhaud again,
   My grail I got and it was taen—
   Was it no yours to tak again?

Enumerate amang the legion o' the damned I take
My leave here in this endmaist coronach—
      Salud!
      Fareweill!
And syne the sleepless, waukless, dawless nicht
   O' life in daith
   And daith in daith.
(Cliché!

Echo answers Clichy!
Whar the debtors went in gay Paree!
O, God!
O, Montrachet!
O, Arthur's Seat!)

But Daith!

V. Slugabed

Here I ligg, Sydney Slugabed Godless Smith,
The Smith, the Faber, ποιητής and Makar,
And Oblomov has nocht to learn me,
Auld Oblomov has nocht on me
Liggan my lane in bed at nune
Gantan at gray December haar,
A cauld, scummie, hauf-drunk cup o' tea
    At my bed-side,
    Luntan Virginian fags
—The New World thus I haud in fief
And levie kyndlie tribute. Black men slave
Aneath a distant sun to mak for me
Cheroots at hauf-a-croun the box.
    Wi ase on the sheets, ase on the cod,
And crumbs of toast under my bum,
Scrievan the last great coronach
O' the westren flickeran bourgeois world.
    Eheu fugaces!
                    Lacrimæ rerum!
Nil nisi et cætera ex cathedra
                    Requiescat up your jumper.

O, michtie Stalin in the Aist!
Could ye but see me nou,
The type, endpynt and final blume
O' decadent capitalistical thirldom
    —It took five hunder year to produce me—
Och, could ye but see me nou
What a sermon could ye gie
    Further frae the Hailie Kremlin
Bummlan and thunderan owre the Steppes,
Athort the mountains o' Europe humman
Till Swack! at my front door, the great *Schloss Schmidt*
That's *Numéro Cinquante* (ПЯТЬДЕСЯТ,* ye ken)

* (*piat' desiat*): Fifty.

154

In the umquhile pairk o' Craigmillar House
Whar Marie Stewart o the snawie blee
Aince plantit ane o' a thousand treen.
   Losh, what a sermon yon wad be!
For Knox has nocht on Uncle Joe
And Oblomov has nocht on Smith
   And sae we come by a route maist devious
   Til the far-famed Aist-West Synthesis!
   Beluved by Hugh that's beluved by me
And the baith o' us loe the barley-bree—
But wha can afford to drink the stuff?
   Certies no auld Oblomov!
   —And yet he does! Whiles!
But no as muckle as Uncle Joe—I've smaa dout!
НА ЗДОРОВЬЕ* then, auld Muscovite!

Thus are the michtie faaen,
Thus the end o' a michtie line,
Dunbar til Smith the Slugabed
Whas luve burns brichter nor them aa
And whas dounfaain is nae less,
   Deid for a ducat deid
By the crueltie o' his ain maistress.

VI. What Wey Should I

i

What wey should I, my hert's luve,
   Scrieve ye mair?
Hae ye no had a thrave o' sangs
   Frae me ere nou?
—And ye wad answer:
   Why indeed?
Hae ye no had a haill buke-fu
   O' sangs frae me?
   What need is there
   For scrievin mair?
—And ye wad answer:
   What indeed?

* (*Na zdorovye*): Good Health.

ii

And trulie there are maitters o' great moment
Abraid the day—
Aa the great michtie
In their great seats are warslan
For anither cushion maybe,
Or mair licht,
Or the table
A wee thing nearer til the great hand,
Or mair segars, or better anes,
Brandie, usquebae
Or what hae ye.

And, tae, there's ithers maist important questions
For a bard—
"The Antennæ o' the Race,"
"The Unacknowledged Legislators,"
"Sperits o' the Time," and sae furth,
As some enthusiasts hae observed
Frae time til time in moments of exaltatioun
Or euphoria
Sequant til the drinkin o' wine maistlikelie
And the saft hand o' a suppositatit virgin
(Government Guarantee for Foreign Envoys)
Caller on their fevered powes,
Wi promises o' yet furder exaltatiouns
Likelie til accume gif but they play
Their stack o' aces eydentlie—
En effet, maist serious maitters
O' great argument to consider maist earnestlie
And seriouslie.

This is nae time for lassies' fykes!
I'm sure ye'll gree.
And Echo duly answers:
Gree!

iii

And truth it is
There was a day I micht
Hae thocht there micht
Be sunkots intil't.
But nou a lassie's flegmageeries
And my ain, tae, admittedlie,
Tak aa my time, aa thocht,
Aa dwaums and aa activitie.

For I was born excessive, Scorpio,
In aathing and in luve;
Eneuch's no near as guid's a feast til me,
The middle airt, the Gowden Mean,
Has little recommandan it
As far as I can see,
And in the hert's affectioun
I find nae exceptioun.

The world and aa its ills
Are, certies, unco eerie,
But the nou til me they're nil
Forenent a lassie's flegmageerie.

Though Scotland's saul is brairan
As the saul o' Europe crynes
And though I dout there's neer a Czar
Can ding us doun for aye—
Yet aa sic speculatiouns flee
Intil the mirkest airts
O' a zero of ariditie
Gin the blind bairn jags my hert
    By nicht and day
Wi a lassie's whims and whams.
    A lassie's yea and nay.

> (*A maist reprehensible estate
> O' affairs, I maun admit.*)

VII. My Luve, My Luve

My luve, my luve,
Wad ye were here
By me in the touzelt bed,
Or wad I had met ye never a day
Or wad ye were aye by me—
There's nae hauf gaits in luve, ye ken.

My luve, my luve,
I wonder wad ye care
To be here by me
In the Nirvana Oblomovian
Whar is nor nicht nor day

Nor day-o'-the-week or year,
Whar nae rain faas,
Sunsheen or sleet or snaw,
Nor ocht but an antran tear
In manner maist Tir-nan-Ogian
Frae the bardic ee
Acause ye arena here.

My luve, my luve,
What havers is this?
Gin ye didna ken
And you anerlie
That ahint the bravadie
This hert is near spent. . . .
                    (*The sheer bress neck o the man!*)

VIII. New Hyne

I had a luve walked by the sea,
The waterfront at eenin—
Sol was a gowden pennie at our side
A bare league awa.
A wee boat wi a broun sail
Left the pier juist at our feet
And sailed awa intil the sunset
Silentlie, the water like a keekin-gless.
We spak nae word ava.
My luve turned til me wi her een
Owre-rin wi greit, and mine
Were weet wi the like mysterie.
We stude by the Pharos there
A lang while or the sun dwyned doun
And the gray-green simmer dayligaun
Closed about the hyne.
Syne it grew cauld, and in my airms
I felt her trummlan
Wi the like undeemous mysterie did steek
My craig, sae's I couldna speak.

IX. How Can We Hae Pitie?

Hou can we hae pitie, mercie, here
  Liggan our lane on the gerss
  And Cynthia smiling abune
  Mercuric and sillerie
  In the lythe simmer nicht,
Hae pitie, ruth, for the misfortunate
That trauchle, bleed and dee
On the world's reid battlefronts,
Or the weak and seick,
  The faimished,
  And thae that wauk
By the beds o' ailan weans
  And deean kin?

Hou can we think on thir, and mair,
  Black Swan?
My white lass wi the een o' a fawn,
Straucht here by me on the gerss
Whar aa the world is skrucken
  Til this wee gair
Mune-shadawed by a runkelt tree
  In Cynthia's nicht
  O' siller glamorie—
Your hair a midnicht forest
  Thrang
    Wi the greitan dirl,
The schere sang-spate o' rossignels—
  While the great gowden ernes
  That rule my saul
  Like princes o' the bluid
Scove throu the thrawan hairns
On what fell errand I ken nocht—
  Nor you, my ain, my sleepan,
    Saft, born-skaithit hert.

Here aa the world is this wee gair
We hap nou wi our bodies' length
Thegither as we were but ane
—"The twa-backit beast"! I ken—
  —But mair is twafauld nor the beast:
The Beautie that the Beast maun bed
  Is twafauld here, the Fairheid
  O' our luve, and twafauld tae
  Is aa that ee can see;

The yerth is us, the lift, the mune,
Aa couplit in our couplin here,
And there is nocht but our twa sels,
Our passion's gleid, our herts, our sauls,
Ablow, aben, ayont, abune—
My luve that aince I had—and tint.

—As sayis the auntient Catechist:
"Luve is the great Solipsist."

(*Verb. Sap.*)

X. Hieland Mary

i

I strak her doun, mine was the hand,
    The dirk's bluid reid on my nieve.
Greitan I strak her doun, til the knees
—Thae gowden locks about her face,
Mistraucht een, the sabs, the wreithan palms!
    The galley at the pier o' Leith
Sails swault wi the Aist Wind blawan
Me til the Indies. "Fredome
    Is ane nobil thing . . . !",
Exile, chains and slaverie!
    —Och, what the hell!

"Ye banks and braes and streams around
    The Castle o Montgomerie . . ."
—It's aa in the texts, the gifts were gien,
    The gifts were taen. The glune,
    The Bible, bluid—Aa this is kent.
The pacts and kisses and fareweills
    —And I richt back til bonnie Jean!
    Naxos for Ithaca—What then?

Ay, but the guilt, the owre-impendant wings,
Bluid-wyte at the hert like leed
    —What then, indeed?
The Channeran Worm doth chide
And aye sel-kennin brings
Hert-thraw—and the guilt again.
    Aye the tint luve leams
Mair brichter for its bein tint.
Distance, ye ken, enchantment . . . *et cetera.*

—Thus the philosophers!
     My fuit!
Nyaffs the haill clanjamphrie!
What ken they o' the hert,
O' bluid, o' passion and the gleid
That blinds een, hairns, mense, mynd,
Ay, and the saul itsel in its reid
Lowe wi the bleezan brazen seed?

ii

Nou goave they owre documents,
Auld screeds thocht tint for aye;
Nou they "investigate", "collate",
   —Guidsake!—*Collate!*
And pruve me nou that Mary Campbell
("Lingering star!" "My white rose Mary!")
Was nae luve o' mines ava,
A freit, sirs, o' my owre-heatit fancie
In a time of tribulatioun . . .
     —Ye ken the leid!

And why? And wharfae?
     —Juist acause
She was a wee thing flichterie. That's aa!

iii

   . . . And sae . . .
Let her name be expungit frae the records,
Her images dung doun
  And her temples and consecratit shaws
Desecrate, razed, deracinate!
And the ase and grieshoch skailit
    Til the fowr airts!
  That the bardic guid-fame micht,
    In some meisure, be restorit!
And her memorie nocht but a poetic fiction!

Weill, let it be, what maitter
  Nou gin they disclose
    The suner or the later,
     The true, the fause,
     The former, latter,
Cauk or kebbuk or guid cauf's-fuit?

There's me kens
And Mary kens
And aabodie ither will sune be deid—
Sae set the bottle rattlan, John,
  See us a gless that's full,
Set the bottle rattlan, John,
  An never fash your skull!
    For Mary kens
    And I kens.

XI. Morituris te Saluto

Tell me, philosopher, hou can he tell
  Whas hert was made owre big,
By God creatit wi a hert
  Owre bruckle til the derts
O' yon wee loun wi wings and bow,
Blind loun that works sic tragedie,
  Hou can he tell what's wrang, what's richt,
And whilk the airt
    Is his by richt
        And whilk by micht
      O' the borneheid and eisenan hert?

The question damns!
  —Guilty, m'lud!
          —Thoumbs doun!
              —Take ower, centurion!
Moritur te saluto!
        Poppeia nods sleepilie,
        Een blacked wi kohl,
        The lids wi emerant green
        In the Egyptian manner,
        Hair black and sleek as Isis.
The portes gant. Their chafts outbock . . .
Lions? Wolves? It maitters nocht.
  —Rive him apairt!
        —Hurroo!
              —Yippee!
The mob rairs like a sea.

Ay, ay, it's aa weillkent attestit historie.
Wreist aa his ingyne wi your sapient
   And slee dexteritie, great gods—
But his ript hert preserve
         For demonstration purposes
         And for his ain torment—

Fou, fouthie, raff and rank wi bluid and greit,
Aa puffed and adipose wi lust and pride,
Œedematous with luve's reid granderie!
         —Yon's your panel, *Advocatus Mei*!
Dae what ye will, ye'll neer sain nou
What's lang been thrawen on a turnan wheel.

—O, exquisite and souple, divine white chirurgeon
Masquit and gauntelate as gin for barrace!
Madam, I ken ye fine. I'm pleased to meet ye,
My maistress wi the satin smile,
         My dumb and dizzy blonde,
              O, Mors!

XII. *Orpheus*

i

Wi sang aa birds and beasts could I owrecome,
   Aa men and wemen o' the mapamound subdue;
   The flouers o' the fields,
Rocks and trees, boued doun to hear my leid;
Gurlie waters rase upon the land to mak
   A throwgang for my feet.
I was the potent prince o' ballatrie,
My lyre opened portes whareer I thocht to gang,
   My fleean sangs mair ramsh nor wine
At Beltane, Yule or Hogmanay
   Made wud the clans o' men—
There wasna my maik upon the yerth
   (Why should I no admit the fack?)
A hero, demi-god, my kingrik was the hert,
   The passions and the saul—
      Sic was my pouer.
—Anerlie my ain sel I couldna bend.

"He was his ain worst enemie,"
As the auld untentit bodachs say—
My hert, a leopard, ruthless, breme,
    Gilravaged far and near
Seekan sensatiouns, passions that wad wauken
    My Muse whan she was lollish.
No seenil the hert was kinnelt like a forest-bleeze . . .
I was nae maister o' my ain but thirlit
    Serf til his ramskeerie wants
—And yet I hained but ane in the hert's deepest hert.

She, maist leefou, leesome leddy
    —Ochone, ochone, Euridicie—
Was aye the queen of Orpheus' hert, as I kent weill,
    And wantan her my life was feckless drinkin,
        Weirdless, thieveless dancin,
            Singin, gangrellin.
                —And nou she's gane.

ii

The jalous gods sae cast my weird that she
Was reift intil the Shades throu my neglect.
    I, daffan i' the wuids and pools
        Wi the water-lassies,
            Riggish, ree, and aye as fain
    For lemanrie as Orpheus was,
I never kent o' her stravaigin
    Lane and dowie in the fields;
Nor that you Aristœus loed my queyne.
    It was fleein him she dee'd
But yet was my neglect that did the deed;
Neither was I by her to protect
    Frae the dernit serpent's bane
Green and secret in the raff gerss liggan as she ran.
—I was her daith as she was life til me;
    Tho I was feckless born and lemanous
Yet she was mair nor aa the pultrous nymphs
    O' wuid and burn til me
        —Yet it was I
    That flung Euridicie,
    The aipple of my bruckle ee,
        Til yon far bourne
Frae whilk, they said, there's can be nae retourn.
            "Quhar art thou gane, my luf Euridices?"

164

Ye ken the tale, how, with my lute
I doungaed amang the Shades
(Gray mauchie Hades, lichtless airt)
And Pluto and the damned stude round
And grat, hearan my sang;
How, haean wan her manumissioun

Frae the Profund Magnifico,
I, cryan her name, socht and found my luve
Amang thae wearie shadaws,
Yet tint her in the end—
For her a second daith,
For me a second shame.

> *(The sycophantic gods, ulyied and curlit*
> *Reclynan in the bar on bricht Olympus*
> *Soupan their meridian, outbocked*
> *Their lauchter like a tourbilloun*
> *At this the latest ploy o' Zeus*
> *The Caird, the Conjuror, the aye-bydan*
> *Favourite and darlin o' them aa,*
> *The Wide Boy—ex officio!*
> *   —The Charlatan!)*

She stummelt on a bourach, outcried "Orpheus!"
—Een, what wey were ye no blind?
—Lugs, what wey were ye no deif?
—Hert, what wey were ye no cauld as ice?
—Limbs, what wey were ye no pouerless?
—Hairns, what wey did ye no haud the owerance?

> *(And Jupiter, in order til extraict*
> *The maist exquisite quintessence*
> *O' the succulence o' his wee ploy,*
> *And wi his infantile perfectit sense*
> *O' the dramatic, kept this impeccabil*
> *And maikless agonie,*
> *As a bonne-bouche, til the end.)*

We werena ten yairds frae the bank o' Styx
The ferrying o' whilk was luve and libertie
—No ten yairds awa!
Our braith was hechlan and our een
Glaizie-glentit wi the joy
Of our twa-fauld deliverance—
And then Jove strak with serpent subtletie:
—Euridicie stummelt.

(Lauchter cracked abune. Jupiter leuch!
—And richtlie sae!
Och, gie the gods their due,
They ken what they're about.
—The sleekans!)

She stummelt. I heard her cry. And hert ruled heid again.
—What hert could eer refuse, then, siccan a plea?
    I turned—
        And wi neer a word,
            In silence,
Her een aye bricht wi the joy o' resurrectioun,
She soomed awa afore my een intil a skimmeran wraith
And for a second and last time was tint for aye
Amang the gloams and haars o Hell
  —Throu my ain twafauld treacherie!

    "Quhar art thou gane, my luf Euridices!"

           iv
    Sinsyne I haena plucked a note
      Nor made a word o a sang,
    The clarsach and the lyre, the lute,
      "The aiten reed",
    Byde untuned in a yerdit kist.
    My taiblets aa are broke, my pens brunt,
      The howff sees me nocht
      Nor the lassies i' the glen.
      The hert in my bosom's deid
        For Euridicie is deid
    And it was I that did the double deed,
      Twice-bannit Orpheus!

    I gang to jyne her in the skuggie airt,
    A convene fou o' dreid for Orpheus' hert.

      Aa this will happen aa again,
      Monie and monie a time gain.

              (Explicit Orpheus)

XIII. The Black Bull o Norroway

i

I got her i' the Black Bull
  (The Black Bull o' Norroway)
Gin I mynd richt, in Leith Street,
Doun the stair at the corner forenent
The Fun Fair and Museum o' Monstrosities,
    The Tyke-faced Loun, the Cunyiars' Den
      And siclike.

I tine her name the nou, and cognomen for that—
Aiblins it was Deirdre, Ariadne, Calliope,
Gaby, Jacquette, Katerina, Sandra
    Or sunkots; exotic, I expeck.
A wee bit piece
    O' what our faithers maist unaptlie
    But romanticallie designatit "Fluff".
My certie! Nae muckle o' Fluff
    About the hures o Reekie!
Dour as stane, the like stane
As biggit the unconquerable citie
Whar they pullulate,
                              Infestan
The wynds and closes, squares
And public promenads
          —The bonnie craturies!
                    —But til our winter's tale.

ii

Fou as a puggie I, the bardic ee
In a fine frenzie rollan,
Drunk as a fish wi sevin tails,
Purpie as Tiberio wi bad rum and beerio
              (Io! Io! Iacche! Iacche, Io!)
—Sevin nichts and sevin days
                    (A modest bout whan aa's dune,
                    Maist scriptural, in fact)

Was the Makar on his junketins
          (On this perticler occasioun
        O' the whilk we tell the nou
      Here in the records, for the benefit
        O' future putative historians)

167

Wi sindrie cronies throu the wastage-land
O' howffs and dancings, stews
And houses o' assignatioun
I' the auntient capital.

—Ah, she was a bonnie cou!
Ilka pennie I had she took,
Scoffed the halicarnassus lot,
As is the custom, due
And meet the mensefu,
Proper and proprietous,
   Drinkan hersel to catch up wi me
   That had a sevin-day stairt on her
      —O' the whilk conditioun
Nae smaa braggandie was made at the time
Here and yont about the metropolis—
   And mysel drinkan me sober again
For resouns owre obvious
To needcessitate descriptoun,
               Explanatioun,
                  Or ither.

Nou, ye canna ging lang at yon game
And the hour cam on at length
That the Cup-bearer did refuse
The provision of furder refreshment
—Rouchlie, I mynd, and in a manner
Wi the whilk I amna uised,
   Uncomformable with my lordlie spreit,
   A manner unseemlie, unbefittan
   The speakin-til or interlocutioun
   O' a Bard and Shennachie,
   Far less a Maister o' Arts,
      —The whilk rank and statioun I haud
        In consequence and by vertue
        O' unremittan and pertinacious
        Applicatioun til the bottle
        Ower a period no exceedan
        Fowr year and sax munce or moneths
(The latter being a *hiatus* or *cæsura*
For the purposes o' rusticatioun
Or *villeggiatura*
         "At my place in the country"):

Aa the whilk was made sufficient plain
Til the Cup-bearer at the time—
  Losh me, what a collieshangie!
Ye'd hae thocht the man affrontit
  Deeplie, maist mortallie
    And til the hert.
Ay, and I cried him Ganymede,
  Wi the whilk address or *pronomen*
    He grew incensed.
"Run, Ganymede!" quo I,
  "Stay me wi flagons!"
                    (Or maybe tappit-hens)
  —But I digress.
It was rum, I mynd the nou, rum was the bree,
Rum and draucht Bass.
                    —Sheer hara-kiri!

                    iii
—Ah, she was a bonnie cou!
Saxteen, maybe sevinteen, nae mair,
Her mither in attendance, *comme il faut*
Pour les jeunes filles bien élevées,
  Drinkan ilke a bluidie whaul tae!
Wee paps, round and ticht and fou
Like sweet Pomona in the oranger grove;
Her shanks were lang, but no owre lang, and plump,
  A lassie's shanks,
Wi the meisurance o' Venus—
  Achteen inch the hoch frae heuchle-bane til knap,
  Achteen inch the cauf frae knap til cuit
As is the true perfectioun calculate
By the Auntients efter due regaird
For this and that,
        The true meisurance
    O' the Venus dei Medici,
    The Aphrodite Anadyomene
And aa the goddesses o hie antiquitie—
  Siclike were the shanks and hochs
O' Sandra the cou o' the auld Black Bull.
  Her een were, naiturallie, expressionless,
Blank as chuckie-stanes, like the bits
O' blae-green gless ye find by the sea.
                    —Nostalgia! Ah, sweet regrets!—

Her blee was yon o' sweet sexteen,
Her lire as white as Dian's chastitie
  In yon fyle, fousome, clartie slum.
Sound the tocsin, sound the drum!
The Haas o' Balclutha ring wi revelrie!
The Prince shall dine at Hailie Rude the nicht!

iv

The lums o' the reikan toun
Spreid aa ablow, and round
As far as ye could look
The yalla squares o' winnocks
Lit ilkane by a nakit yalla sterne
Blenkan, aff, syne on again,
Out and in and out again,
As the thrang mercat throve,
  The haill toun at it
Aa the lichts pip-poppan
  In and out and in again
    I' the buts and bens
      And single ends,
        The banks and braes
O' the toueran cliffs o' lands,
Haill tenements, wards and burghs, counties,
  Regalities and jurisdictiouns,
    Continents and empires
      Gien ower entire
Til the joukerie-poukerie!
Hech, sirs, whatna feck of fockerie!
Shades o' Knox, the hochmagandie!
  My bonie Edinburrie,
    Auld Skulduggerie!
Flat on her back sevin nichts o' the week,
Earnan her breid wi her hurdies' sweit.

—And Dian's siller chastitie
Muved owre the reikan lums,
Biggan a ferlie toun of jet and ivorie
That was but blackened stane,
Whar Bothwell rade and Huntly
And fair Montrose and aa the lave
Wi silken leddies doun til the grave.
  —The hoofs strak siller on the causie!
    And I mysel in cramasie!

There Sandra sleepan, like a doe shot
I' the midnicht wuid, wee paps
Like munes, mune-aipples gaithert
   In the Isles o' Youth,
Her flung straucht limbs
A paradisal archipelagie
Inhaudan divers bays, lagoons,
Great carses, strands and sounds,
Islands and straits, peninsulies,
   Whar traders, navigators,
   Odyssean gangrels, gubernators,
   Mutineers and maister-marineers
And aa sic outland chiels micht utilise wi ease
Chaep flouered claiths and beads,
Gauds, wire and sheenan nails
   And siclike flichtmafletherie
In fair and just excambion
For aa the ferlies o' the southren seas
That chirm in thy deep-dernit creeks,
   —My Helen douce as aipple-jack
   That cack't the bed in exstasie!
Ah, belle nostalgie de la boue!

—Sandra, princess-leman o' a nicht o' lust,
   That girdelt the fishie seas
   Frae Leith til Honolulu,
Maistress o' the white mune Cytherean,
   Tak this bardic tribute nou!
Immortalitie shall croun thy heid wi bays,
   Laurel and rosemarie and rue!
You that spierit me nae questions,
   Spierit at me nocht,
   Acceptit me and took me in
   A guest o' the house, nae less;
Took aa there was to gie
   (And yon was peerie worth),
Gied what ye didna loss—
   A bien and dernit fleeman's-firth
   And bodie's easement
   And saft encomforting!
O, Manon! Marguerite! Camille!
   And maybe, tae, the pox—
            Ach, weill!

XIV. O Wha Can Flee?

i

O wha can flee his ain luve? No me!
My Cynthia, mune o' the nicht, my saul's fever!
Though I a skalrag crossed the seas
And continents a lane fugee,
Back-come Macbeth-like til the inventor is the bane;
Here it dirls nou, in this breist here.
    The deeper doun I dug intil the deeps o' luve
(Yon grugous principalitie of jungle-land and ice)—
    The furder I stravaigit—
    The hiecher I piled the chirls of phonie passions—
            Bricht
        And brichter blawed
    The lowe that I wad dowse!

I took the Syrens til Calypso's Isle for companie
And swacked my wey throu aa the Cyclades;
    Was pitten out frae Tara Haas
And tummlit flouerie Capri in the sea;
The tapless touers o' Ilium we burned again
And Camelot hapt aa her virgins under key;
We leuch, and Bulls of Bashan couldna droun
Our maist mellifluous cacophonie—!
    —And muckle mair in the like strain
    Wi the whilk I winna deave ye nou.

And sae it was I thoucht to smoor,
Luve, your daithless passion-flouer.

ii

—The haill thing was miscalculate.
Cuif I eer to consider—far less act upon—
Siccan a hauf-baked air-drawn phantasie,
    As gin I didna ken
The febrid lends held nocht auctoritie
And cullage-bag nocht but a base mechanical . . .!
The lowe, the damned, the bricht, aye-burnan,
            Inextinguishable lowe
Was citadelled, of course, i' the hert.
There, was its keep and donjon dour,
Its battlementit waas, its oubliettes,
Its dernit vennels, drawbrig and the lave!
—The hert!
            —The bruckle pith o't!
—As I kent aa the while!

172

And sae I mak capitulatioun, Cynthia,
Aince mair devow til dimpled Aphrodite,
Helen, Fann, and wanton Lesbia
—That aye maun rule me.

And nocht to shaw for aa the darg
But a lordlie, nay, *Krügerische* debt,
The ruin o' haill saikless faimilies, nae dout,
—And a fell bumbazed curmurrin o' the gut.

XV. Cuchulainn

A man atween twa lassies—
  Ane like a field of simmer corn,
Ane like the raven's wing,
Neth a yew tree at the shoreheid
    Speakless standan
    On Baile's Strand.

Then:
    "Thinkan ye could ganecome
Juist as it pleisured ye
Your pentit Jezebel on your airm
—Hou thocht ye to find me then?
    Onwytan, wae, begrutten,
    Bydan expectant, blythe to see ye?
Och, hou could ye dae't, Cuchulainn?
Whar learit ye sic traitorie?
Me unhonouran in face of aa!
Guid Grief! I could greit like a bairn—!
. . . And yet it's truth I want ye back."
Thus Eimhir;
    And he his heid
Dounhingan nae word spak.

And Fann stude speakless by his side,
Her een aye mirk and loweran wi a month
O' memories,
    —Saw the fairheid
O' his queen Cuchulainn left
At her luve-biddin frae the Blythefou Fields—
    But nocht she said.

He turned, and lookit aince mair
Upo the raven glamorie o the hure.
". . . Ah Fann!"
             And likeweys in his een
The weeks of wine and bed in her far isle
Ayont the watergaw in the Westren Main
       Whar moth nor rust corrupts
       Nor ever a hair comes gray
       And claret lilts frae ilka spring
          In yon countrie
And aye it is high simmer by the sea.

And sae he turned til Eimhir at the end
And Fann wi Manannan backwent.

XVI. Dido

He upped his anchors and a wind
Frae the deep south gousteran blawed out—
The swaulit sails o' gowden silk,
The reid, the black, the purpie sails and white
O' aa the graithit ships o' great fleet—
". . . And I, O fause Ænee, left wi a hert no mine,
The hert I tint til ye lang syne
Efter the great chase and the storm
That skail't the galand hunt
And us in dern sent secret and our lane
Storm-driven til the airms o' luve . . .
   O, blackest day that dawed for me,
   O, trueless luve, ye messan fause Ænee!"

On the siller shore she stude, a simmer sea,
The lippers curdlan cream at her sandalled feet,
The sun like a titan's gong raired i' the emperean,
Lowed on the gowden sail o' the furdest ship of aa
Nou hauf out athort the bay, onheidan the fleean fleet
Like an emperor erne abune his reivan kin—
   The gowden sheet like a sheet o' hammered, new mined ore
Bare aff the fause Ænee wi Dido's leal hert . . .
And never aince he lookt ahint,
For fear, and traitorie, and shame at length.

. . . The wind that drave his ships, rank on rank o' them,
Sun on the flichteran-fedderie oars, the faem,
Spindrift, spume, landbrist and speed,
Sea-gaean wolves, a pack, wild geese owre the emerant spase
Their pennands bricht like tongues i' the wind, swan-wings spreid,
The greinan outraxed craigs o' swans
   Drinkan the wind for Italie—
                    Æneas' fleet
Speedan awa frae Carthagie and Afric's burnan queen
Wi a lassie's broken hert and een owre-rin wi greit. . . .

And the like wind that took her fause man aff
Streamed throu her sable hair outblawn
Schere-black as Ethiop nicht, wild her raven glorie
Streamed i' the wind, the speed-flung mane
O' a mear o' Arabie hinnyan i' the race
Owre siller sand—bluid cast til the wrack for libertie!
The unpent cloud o' midnicht streamed in the dry simoon
Sheenan like jet in sol's orsplendant nune.

   The queen, fair Dido, stude
And saw the ships far out on the spase,
At the heid o' yon fause fleet the fause and gowden sail
O' her fause luve Ænee.
                —"O, black perjurit hert
Sae brawlie dicht wi claith-o'-gowd,
That leas me nou my lane that isna me
For he bears aff my hert and aa that Dido was, leas
But a cokkil, a tuim husk that made a Trojan gallantrie,
Fause black Æneas that I natheless loe!"

Far out on the Mediterranie blue,
Blue as the lift abune and the sea-blue een of water-maids,
The fleet becomes a toy, the ships as wee as laddies' boats . . .
Awa, awa, and nou but mirlie specks
Upo the farrest deepest blue, the haaf, til ae
Bricht leam alane is left to kep the ee
  —The gowd-bricht sail o' Dido's fause Ænee
Gane for aatime . . . wi the hert
O' Carthage' queen a stane in Dido's breist.

She grat. And greitan turned, her wemen
Round her speakless, aa the midnicht glorie o' her hair
About her face hung doun like wedow's weeds;
Back til the tuim palace, tuim the great haas
Whar Æneas walked, whar Æneas drank and leuch,
Whar Æneas tellt his silken leman's talk,
Whar Æneas took her bodie and her hert,
Took aa her luve and gied back bonnie aiths and vows,
Tuim, tae, the chaumer and the bed o' luve,
Tuim Dido's hert of aa but wanhope's plenishings.

Yon nicht the luift owre Carthage bleezed
And Dian's siller disc was dim
As Dido and her palace burned—
The orange, scarlet, gowden lowes
Her ae wild protest til the centuries.

Queen Dido burned and burnan tashed
Æneas' name for aye wi scelartrie.

XVII. The Faut Was Mine

The faut was mine, I admit.
It was I abandoned ye; it's true
  —And syne ye took me back
Wi a maist leefu leddy's gentrice, I admit.
  And syne aince mair
I, fickle, bruckle termagant,
Ramskeerit throu the nichtit streets,
  Negleckit ye,
    But yet
Nae word ye spak agin me.

          (There's ithers gied ye ample consolatioun
            I've nae dout.)

—Sae we'd be friens! Friens! We!
  Baith kent and kens
This maist unpossible equivocatioun
    Couldna be.
  Baith kent and kens
It's aa or nocht—and maun be aa—
There's fient a gowden mediatioun
In this luve's damned, compund equatioun.

I ken, I ken, nane better kens nor me,
There is nae rivalrie for us to square
    Atween Calypso and Penelope;
There's nocht is gien til ane
    That's frae the tither taen,
Nae peerie pickle, jot or ocht—
    Here's me ettlan to find reasoun,
    Fule, confrontit wi a passion.

But, lass, ye hae the raxed mynd teeteran,
    And gin ye'se no receive the Fanns,
The Maries and the lassies o' the grove and burn,
    Or gin ye'se no accomodate
The Eimhirs, Jeans, Didos, Euridicies
In the vast pantheon of passion—
The membrane rips! I cry Pax! Barla-fummil!

—And here the gowden ernes
O' this reithe hert like eastren khanns
Stoop doun the avalanches o' the winds
    Gurlie and scriechan owre
    The saul's mune-fiefit fields
And brash the mynd promethean
Till thocht nor will nor e'en desire
Can raise this fœtus-huddert me
    Frae his numb beild
O' stauchert murken lethargie.

Nae settlement and nae escape . . .
Affpit the evil day and faa asleep—
Whar I nou blythelie byde, the burden aff
—Nae dæmons rive the hert of Oblomov.

    And sae for lang I haena seen
    My lassie wi the midnicht een.

XVIII. Strumpet Daith

Wearie, wearie nou I dwyne,
I' the westren pend my starne declynes;
Aince enfieft there's nae release
Frae Luve but Strumpet Daith's embrace
    —And sune I maun seek her laillie lair
    Gin my luve winna hae me mair.

177

I hae seen yon Messaline,
—Fata Morgana, to be complimentarie—
Gouned in royal cramasie, wi
Teats o' pitch and yalla een
Burnan and burstan, leonine,
Wi a reid wab o' veins,
Settan whar the roads cross
Slummocked on her creishie hochs,
A vast Leviathan o' Letcherie
Swaulit like a luver's hert
Wi eisenin and an ower-spicie dietarie
        (Hiech-livin and laich-thinkin,
          As sayis the diagnostician)
Aye-bydan sans impatience or concern
The current and weirdit aipple o' her ee.

Nane ever flees her, nane
   Escapes, no ever ane,
And she can byde, byde three
   Score year and ten
And mair gif need there be—
In the end we aa gae doun
   The bricht and fleeran anes,
   The runklit and forworn,
Aa i' the end maun gratifie
Her deidlie aye-unstecht desire,
Clipped til her pyson-drappan paps
   O' cauld, cauld alabaister.

—And nou me-ward I see her leer,
      The hure!

XIX. *Nicht Lowers Fast*

i

Nicht lowers fast,
The storms beat up;
Spring nae dout's on winter's traces
But there's nae muckle glisk o' it saefar.
Ayont the hiechest hills
The gods are seick til daith
—The ploy's gane wersh on them at length
And aa will sune be endit
        And asleep

Black Dian, raven Artemis,
Queen o the pitch and velvous nicht,
Whan yon tempest cracks I sweir
   Come nicht or day,
Hevin or hell or purgatrie,
Brunstane or hie water, yet,
Can maitter nocht til me
For, gin the spaedoms are propitious
   And the gods will it,
I hae a godlike consolatioun
Left til me; that I hae set
   Wi thir her elegies
Perdurable the starne o' my dark luve,
   My exstasie and torment,
Hiech in the unsleepan constellatiouns
     O' the North.

   There she bydes nou,
My follie fair, my divine discontent,
   A goddess mang the wale
   O' wemen ever shent
A hert til flinders wi perversitie.

      And sae I tak
      My final bow.

         ii
—But ere I gang—
Forgie me, sweet Dian,
In my maist fell adversitie—
Dian, Iseult, Venus, hear
A bard sair strucken wi a hail
O' derts frae Cupid's slee artillerie
—Wi fou and hert-felt consciousness that nou
By richts I should be aff—Sweet Fann,
My sable Cynthia, my white lass, grant til me
This boon . . . I'se never spier ye mair . . .
Ae wee boon til the last great
Shennachie o' the Westren Warld
   That's newlie pit
A new sterne in the hevins the-nicht
And nou speaks but wi dwynan braith
Wi his sair skaith near until daith:
     Mak saft the hert o' Cressid aince again!

Roun til her o' this my coronach,
Smoothe her wi clash o' immortalitie,
O' honour, fame
        . . . And streams of press-photographeers!
Flechter the woman,
            Play on her vanitie!
Great Pluto, div I need to *tell* ye
    What to dae?

    Juist aince, white Cynthia!
Dido, aid my plea! Juist aince!
    —The-nicht!

And whan I come til the street I ken
Grant me a licht i' the winnock leaman
    And the door ajee . . .
            And nae damned fulerie aben!
Juist aince again, afore, aye worshippan thee,
    My sperit flee.

iii

Aince, aince! Tell me whan aince was e'er eneuch!
. . . Till thine ain sel be true and
It maun follow as the nicht . . . I ken, I ken.
—And neither is twice eneuch or twantie,
Neither a million million times and ten!
    Eneuch is juist as lang as mynd can think—
And wha can think ayont a month or sae?
    He that says he can's
    Nocht but the doitit fule
    O' his puir forkit follie.

. . . But let's no argie-bargie nou wi bagatelles
        For truth to tell
    At the moment ae nicht hence
Is juist my limit of belief in Providence.

iv

I mock, I mock, and speak o' daith
But aye you ken, my tyger luve,
The hert can dee and nane
Ken but its murtherer.

Sae shall we mock baith luve and daith,
Trepann the idle gods wi hert's last braith
And brak the hert o' the world with mockerie:
—But lea me come til ye
    Or come ye, Iseult, til me.

XX. Tristram

Sae it has come til this in the end—
   A barren strand, a skaith, a man bydan at dayligaun
Wi's hert in targats, onwytan a boat's retour;
Aa his dwynan ingyne bund up and concentrate
Aince mair on the outcome o' a deean chance
   (Deean in ilka sense o' the word!)
—Iseult, Iseult! Name that in my heid
For a man's life o days and nichts,
The life o' bard and warrior, no wi the repute
O' bydin hame o' nichts or keepin house by day,
—For him yon name has meant aa that he kens o' life,
Iseult that has meant aa life and licht, aa sun or storm,
   Hope, wanhope, hell, but seenil hevin,
   Life, and nou but daith—
Sae nou as for the hauflin chiel in Joyous Garth lang syne
Aince mair a boat hauds aa o' Tristram's weird
   Swallow at first and Swan at endin . . .
Swan, whan will ye come til me? White Swan! My Iseult!

—Ah, but i' the days o' the Swallow I was young and maister
    O' the keys o' life (or sae I thocht);
Then, there was hope, and gifna hope then life at least . . .
Nou, the hope is smaa and anerlie daith at back o' it;
   Neither nae maister I, seick and skaithit dour,
   Dependand on ithers' een, on ithers' hands—
And yet is but the same, for Iseult, as aye, his weird
          Can mak or mar.

Ay, daith is on me, her cauldrife hand has strucken at my hoch
Wi the horn o' a muckle hart, lord o' the wuids—
   A noble daith at least, or sae they say.
But what til me's nobilitie? Daith is daith.
And life is daith wantan the anerlie life I want
   —Iseult, my hert's hert . . .
         Sae what's the odds?

A hart has skaithit me:
   Will the hart bring me my hert
   Here at the endin o' a waefu tale?
    —Yon's a conundrum, Merlin!
It should be sae, certies, by aa the laws o' invocatioun,
Nominomancie, incitement, coincidence and exhortatioun,
   But will't be sae?

—Ay, and here's anither: It was in the chase
My hert first brairit wi the dragon hairvest o' this luve!
Anither echo! The oracles are guid indeed!

How I mynd her yon bricht morn!—Siller and gowd!
—Siller on her bridle and her paufrie's graithin,
—Gowden the chain that held her siller horn,
—Siller her lauch amang the great buck-trees,
—Her hair that streamed like a gowden linn adoun her back
Bedimmed the gowden band that circelt it
—And the wind was siller lauchin i' the sun's great gowden face!
But bluid-reid was the spate that raired rambaleuch through my hert
And dirl'd intil my finger-nebbs like needles laced wi fire.
          —Gin she wad come!
                    The time is scant eneuch—
Swan, my Swan, spreid your white wings and bear
My fair Iseult athort the spase!
                    —But haste ye, haste ye!
   Morgana's an impatient fay.

I could hae taen her, tae. She wad hae come wi me
   Til the world's end.
Lord Christ, what's aa the chivalrous laws o' courtesie
   Til twa herts reift apairt for aye?
Twa herts as sacrifice til an auld lyart's honour!
   Honour! Vanitie, nae mair.
The follie, follie o't! Knichtlie troth . . .!
   And this the fell fairin.

Och, I wad liefer be a schawaldour, kennan nocht o this,
And deean blythe wi his ain clartie maistress by his side
As be thirlit til sic chivalrie, casquit and plumit,
          Til wanhope, dule,
And, i' the end, a bier unsainit wi a leman's greit . . .
   Syne sail owre the endmaist seas
Ayont the sunset til the last land hame o' Avalon
Wi a luve aye in my breist like a stanchless chaudron o' desire—
—Never nae mair to find
                    Rest and hert's easement . . .
   —Iseult! Iseult, haste ye, O my fair!

XXI. I Heard a Lassie

I heard a lassie at the winnock sing
And aa her sang was o' her luve,
And I bygangan in the causie lookit up
For aa the greit in her wae leid
Was aa the greit in my dowf hert
Sae that she sang for me, it seemed.
    Our een met on the instant—
      Deep, deep intil hers
I lookt and saw the hert was broken there,
And saw that she saw in my een
The follie and the wilderness was there,
    And that for neither tane nor tither
Was there sainin or a cure—
And, though strangers baith, we kent ilk ither then
    For the "moment o' eternitie".

Syne she smiled, and I at her
—Och, ilka luver kens a luver's grame!—
And aa the fever that I had drapt aa awa frae me
    On the hie road til Damascus.
She smiled and turned aside,
    And I passed on intil the toun.

"O luif, quhidder ar yow joy or fulichnes
That makis folk sa glaid of thair distres?"

XXII. Thus Spak Antony

i

Thus spak Antony frae the stage o' Kings:
    Albeid the precipitate of our twa luves commelled
Lowsit a combustioun whas Vesuvian spate
      Outran itsel
And thriftless waurit aa its heaped-up thesauries
    Doundingan ten Pompeiis o' the saul
    Til bourach, skau, distractioun o the mense
      —And braggandie,
Yet aye amang the acres o the smouchteran grieshoch
    Blae gleids lowp, here, there, ayont,
    An endemic flauchteran dispeace,
    Reid-wud yet meaningless unhinged til its desire,

Unpossible to dowse; destructioun,
   Ruin, wanhope, exstasie, despair:
—The fey-bricht een o' the addict's dwaum,
Uncurable, unlownable, unstawable, insane,
And nou at end as cynical as his ain turpitude.

ii

Then did waif Ængus mak respond:
And what the prophets tell in the world o' men
May yet be richt for aa we outlands ken
And the haill globe be hapt in nicht—and sune,
   And the silence may come swith on me
   And the wild leid nae mair tak wing
   (For bards are subjeck til sic haps)
And yon means nae mair sangs for thee,
Black swan o' the hert's dour maladie.

         (But, in my hert, hou can there be
         An end o' scrievin sangs o' thee?)

Yet, sae is whance and why and wharfae, "cruel fair"
As my last act in our lang drama, I
Nou scrieve this coronach to stand for aye
Uncassable by Time and Change, Decay
And the doundingin o the Westren Emperie
Or the jurmumblement o' baith the hemispheres
In a holocaust o scientific glamor
—As a monument and warnin til the fules coman after.

iii

For I ken weill, as ilka luver kens,
That e'en i' the abysses o' the thirldom
Sune to be born—
                    Yon bairn yet will haud
His regalitie and pouer—yon blind wee loun
Wi wings and bow and quiverfu o' derts,
   There, is your Tyrant and Czar Ultimate!
      That's sairlie strucken me
         And caa'd me doun
   Intil the Chasm o' Forgotten Things
         Whar yet I dree
This damned dementit follie-weird o' thee
   And neither wadna cheynge my fell
For pavilions and the peacocks o' Assam
      Or the Lordship o' the Damned
—Or the poppy-peace o' Hailisted itsel.
      Yon's the bonnie mockerie!

184

Ay, I'se warand e'en i the netherst pit
    Yon fat loun sweys
His ain involved and vast imperium—
   For wha sae bauld as set a bund
    Til Luve's arcane delirium
Whas victims ken nor whance, whartil nor why
They dree sic trepidatiouns, dules and waes,
Sic joys unspeakabil, sic ill and weill . . .?
                Nair mair div I!
            (*Rhetoric!*
            Juist sheer damned
            Rhetoric!)

XXIII. The Time is Come

The time is come, my luve,
   My luve, whan I maun gae—
The sevin-pionioned bird is gyran
   Outowre the muir o' winds;
Aneath the hills the gigants turn
   In their ayebydan dwaum—
Finn under Nevis, the great King
Under Arthur's Seat, True Tammas
   Neth the Eildons steers again;
As the sand rins in the gless, aince mair
   Tannhäuser, blae and wan as sin—
   As I, depairts frae Horselberg,
Lane and weirdless, nou aince mair
Ulysses bids his Calypso fareweill . . .

            Fareweill!

Defeatit by his ain back-slitherin
Efter lang strauchle wi the serpent slee,
Lea him at least outgang wi mockerie,
   The Makar macironical!
   A sang on his perjurit lips
   And naething in the pouch
     —Or in the hert, for that!

           Music, maestro!

Bring on the Dancing Girls!
Vauntie i the muslins o' Cos,
Wreathit wi hibiscus and bearan
Amphoræ o' the richt Falernian!
—O, let there be nae girnin at the Bar!

—*Chi ha vissuto per amore*
Per amore si mori.

XXIV. Fareweill

Goddess, hae I wranged ye?
    Hae my libatiouns been deficient?
Did I neglect some peerie but maist needfu
    Detail o' the ritual?
Aiblins hae I been owre sanguine in the maitter
    O' the deificatioun o' my beluvit?
    For, Goddess, I dwyne
    Wantan a sicht o' her.
The door was steekit, neither was there answer
    Til my urgent summons;
    There was nae licht in the house,
    Tuim it was, fremmit and desertit.
Dowilie I turnit back the road I'd come . . .
And syne dounsat and made this nobil leid
    O' the spulyies o' luve.

Gin my luve eer should see it, Cynthia,
And should she comprehend her bard,
    Her hert, as she did aince . . .
            (Albeid I end thus in mockerie
            In sheer sel-defence
            Agin the jalous gods' decreets)
. . . Afore, "wan wi luve's sufferance",
    I turn my face until the waa,
    Gar my white lass in memorie
    Of our great days
Greit ae bricht tear for me, let faa
    Ae tear alane
            . . . and it shall be
For me an ocean o' the fairest wine
    To slocken aye my drouth
For aa the lang eternities I'm due to hell
Mang ither bonnie victims
            O' a daithless luve!

And sae fareweill!

Til you I kiss my hand, black Artemis,
   Nae wreathes required—
There's be ample roses on my road.
   Aphrodite, Brigit!
Our immortalitie is in sauf keep.
   Guidnicht, leddies!

         *

   Syne the hill opened
And the licht o' the sun beglamert
The een like the leam o' virgin snaw,
   And the derkenin and the dawin
      Were the sevinth year.

               A lustrum endit.

Bards hae sung o' lesser luves
   Than I o' thee,
O, my great follie and my granderie.

Quod S. G. S., Makar
Embro toun, Dec. 1946-*Feb.* 1947

The Vision of the Prodigal Son
1960

I

The eenin and the mornin
Were the umpteenth year,
Twa hunder frae the birth of Rab, or thereabouts,
Great skald of the Scottis race
That dee'd wantan a fiver—
And the hill opened and the licht
Like the leam of virgin snaw—
But nae betterment wi aa the lang warsellin.

The years had sliddert by wi rant and rout
Daith in the bottle and a waste of beds—
Ah, bottle, ah my lamp, my buckler!
Auld friend that never lets ye doun
Sauf the awfae soif in the mornin waukenin.
The burrie mou, the thrapple like a stick
And the donnert hairt in syncopy
Gaun rum ripple, rum tipple, rum!
And as we get aulder,
        The prophet Tammas sayeth.
We get nae younger.
        Bromide o veritie!
        Haud on!

II

Maybe in ilka chiel, e'en the maist desperate,
Is a flichterie state of peace—or grace—
That whiles he kens but maistlie seeks—
And when he has it, as an instant,
Nicht or day, a haill week, a year,

191

Some auntran while, he kens maybe
It canna last but joys it natheless
And, when dune, unthinkan seeks again—
        And therein pruves
Ah, Muse!—his halt divinitie.

        But whiles, the giftit while,
Gey seendil, in his quest,
When he's gien owre the seekin,
Then he sails alane and thochtless
Like a white bird intil harborie—
And turns, his mynd a blank, nocht in his hairt,
A tuim house wantan fire and fowk,
On impulse turns his heid
As for Annunciation
        And at last it is.
        Ecce Dea!—Jubilo!
The quest is endit
When he endit quest.

                III

I was standan at the bar, a gless in my nieve,
Fleean wi the insolence of Friday nicht—
A rabble o' cronies, lauchter,
Blethers, din, the clink of gless,
The reik, the stour, the stink,
The blissit libertie of booze in action . . .
And there she was.

        The door swung open
Wi a thrang of student callants, orra buddies,
Conspiratoories o' maist deidlie hue,
Aa on the bash to celebrate—I dae ken what.
Maybe I kent it then, I canna mynd—
For there she was afore my een
A lassie frae the mune, direct!
And smiled at me—
        It wasna cannie!

I hadna seen her eer (I think) afore—
And there she sat forenent me, wi a smile
That said (or seemed til me, mune-glamert,
That she said): "It's me. I'm come.
As ye kent I'd come.
Sometime, somehou, somewhar,

To find ye bydan me. Nocht
That you or I can dae
Can cheynge it nou. It's happened.
Here I am. I'm come."
      And sae it was.
The weird was on us, and is on us nou.

I wasna feart, but saw destruction imminent,
The haill story clear as in a map
There written in the reik that hung
Athort the howff, and there to hear
In the blatteran rain and the houl
Of the October wind outbye; its end
Unfleeable, its ain catastrophe
Inherand in its joy—and nocht to dae
But dree the sweet weird, willy-nill.

Ay, craturs o' the gods are we
      (Juist as they say)
Our wale but seendil in our hands allutterlie
For guid or ill, wha kens?
                  No me, indeed.
And sae I prayed:
O Goddess, help us baith
On this fell pilgrimage.

IV

But what the hell, ye gomeral!
Ye've seen a face afore, twa een,
A bonnie mou, the blee, the sheenan hair, etcetera—
Fowr een, ten, twa dizzen een ye've seen
In thae dreid jungle raids of the hairt
A million o' the bonnie skinklers!

And sae? What happened this time on the whirligig?
He's an awfae man, the bard, for blethers,
Warslan about and about (tis occupational)
To tell us nocht but the wey o' man wi maid.
      But what a maid!

Descrive, great amorist,
        Lothario,
Puir laddie, wearie auld Sir John,
Tell us the worst—or best—or ocht ava—
But speak out loud and clear, and daith
Til aa this subter-follie-fuge!

Ay. I'll tell. Nae amorist, this John,
Like Scorpio seeks a luve earth canna gie.
Devours he nane. Seeks he nae conquest

But to be complete and be.
Par conséquence—il n'existe point
        . . . Is . . .
Tell yon til Saint-Germain-des Près!
Ye need nae muckle tomes to ken it aa—
It's a kin o' gift that's daith to hide
Like talents want the licht to multiplie.

V

Archaic Aphrodite
Lipped by sea
Aulder nor the rocks
Of man's quick destinie,

A muse of quietude
A rife solitude
In existence being
Instinct wi aa thing.

Aa kennin breathes
In her embrace
Whar life is being
Action peace.

Archaic Aphrodite
Lipped by sea
Breathe amid the rocks
Enfauld our destinie.

This muse I hymn, this lass
(To be less orphic and precise)
Kens aa as thae that ken
Whas kennin's thochtless
Being nocht but being
In theirsels their thisness
Scotus's *haecceitas*.

As la Giaconda's rocks
Or staigs in rut
Trees in winter deid
A bitch in whalp
Martyr in gleid
Runner on track—

Sae this lassie lit wi luve
As rose in sunlicht
Emanates and is,
      Essentiallie,
And is its ain existence, juist,
Its ain sufficiencie,
      To be.

Fruit of the nut, Ni Chaltuinn,
That faas and roots and buds
And fruits and buds again
      And is,
           Her peace
Aa kennin, fairhead, troubles, sleeps
Upon her breist. Her hands
Can touch a torment, lay it quaet,
Under her een the tempest sleeps,
Atween her lips the fire and histories live,
And sleeps, sleeps lang, like a sea.

Sae, when the sea is lown and has nae murmur, motion
But the reiver maws that dive screichan
Owre its placitude, as trees
In simmer, burdened wi their fulyerie, a hive
O' singin, still in the slumbrous nune
Trummlan and muveless in the heat and whisper o't
And at e'en are routh wi chaffer, civil chaos,
Syne are lown and drum as the wings of daith
      Sae we
As the auld hills in munelicht sleep

And heave wi the muvements of their kings
        Exist in stillness,
Here is aa, here is the end o' poesie
        In stillness, in content,
        The bluid-beat o' the hairt.

Wharfae I nou put bye, renunce,
Forsweir aa poesie. This is the end.
There is nae leid and never has been nane,
Nae bard has scrievit and nae bard
Can ever scrieve content
That—when aa is said—
's a kin o' limbo, silken mouswab
Swung twix life and daith
That a shairp braith can rive
As eith it rides the wind and tourbilloun
        —A wee foretaste of paradise, nirvana maybe.
The soul divestit of desire—
For aa desire is grantit wi the wish—
        Satiety—
A kin o' hell, in fack, twix you and me.
Hell or hevin, spin the coin and pree!

Does Arthur sleep for aye?
Can thistles tine their tines
And drap wi figs?
Can Capua or Corinth haud a man
For aye in dwaum o' lemanrie?

Aathing, while it is, is deean;
Aathing muves, as Heraclitus tauld.
Time the slayer, Time the renewer—
Monie weirds a man maun dree.

I hae my content
She looks at me
Auld wi Helen's kennin
Auld as Scotland
Murdered wi content.
We sleep. We be.
The world spins
And is still—

Is there a worm i' the fruit?
In Pandora's shell a grit?
Serpent in paradise?
Has content a bluid-wyte?
Is paradise imperfect
Wantan activitie?

Peace is maybe no eneuch
There is a world outbye—
Luve maun hae its libertie
Chains of silk are chains aye.

VI

What's yon?
Hear ye ocht in the street, lass?
Again! A houl o' wan despair
Unkennan, elementarie, dinnles,
Dirls on the steekit winnock o' wir snug elfame.
Peace is no eneuch. Makar, turn again!

It dees awa til silence. Nae repeat.
But leas ahint a void
Of speakless wanhope, inarticulate,
As gin the words are ignorant
Deid-born in a mynd frustrate.

The muses' temples are forlorn the day—
Portes are open but nane enters in
And there are monie chapels tuimer far
Nor thae that Venus fidges in.

Poesie sleeps in Capua, weill eneuch. In Gaul?
In Albyn? Brither bards, my fieres,
There is a cry on the wind
That keens owre Scotland nou
But few there is that cares to heed
And gin we dinna lead them til the ring
They winna lowp—but at the Gowden Cauf.

For nou the soul is sunk, the fowk
Content wi gildit servitude,
Their free-mynds geldit, libbit
By a leiden-hairtit god
Named Gowd and bynamed Gob.

197

Sunk I said but seick I mean alsweill.
Their kyte is fou and kyte suffices maist;
Tho the soul breathes, the needle on the graph
Is thin, shauchlie, trummles in its stent;
The voice is thin, and cries ah peerie-wearie
Frae the fat infirmitie, the fell *ischaemia*
O' the Scottis hairt the day—
But breathes, breathes juist,
In coma's kind *aboulia*
And will nocht will
Her will to be weill
Sunk in hale corruptioun allhaill,
She wants in the midst o' weal
And kensna that her dance
Is nocht but Daith's strathspey and reel.

D'ye mynd thon ancient leid
"Fredome is ane nobil thing
It makis man to hae liking"?
And whit hae ye that likes ye, gentles?
A mess of pottage for your birthricht—
A rich excambion, indeed!

Pottage is guid. There's nae denyin yon.
The haill world can hae their pottage nou.
Nae mair is need for Dives on the yerth
Nae mair is need for nae man to be needy.
Man has wan; aa weyms can eith be fou!
"Dune is a batell on the dragon black;"
Want is beat at last. The kyte is fou.
Expropriation of the proprietors is dune, hauf dune,
And we hae new proprietors in their room—
          A rich excambion indeed. Forsooth!

Nae cheynge for bards, maybe
          Yon's by the bye—
But bards are gangrels aye
Greedy but no expectant
Ungratefu for smaa mercies
Thriftless in din and dedicatioun—
A queer bunch aathegither.
Plato was wyce indeed to clear
Them out his braw Republic.
Ye canna lippen til a word they breathe
And they winna haud their tongues
A moment. Yon's the rub.

And mine is waggan nou wi veritie
That nane will heed—but truth
It is—And yon's anither rub.
Sae help me, Rob!

Ay, dune is a batell, but whar's freedom gane,
Yon nobil thing our faithers luved some deal?
Is freedom three guid meals a day?
Is freedom siller in the Bank?
Is freedom full employment, meat
And circuses? Is freedom pap?
Twa sides has ilka coin.

VII

I had a vision on my bed
Rysan frae sleep at dawin
Twa saft white airms
Frae round my craig unplet
And lea her there, gang out and see
In the licht a Scotland cheyngit utterlie—

Gangan her ain gait, muckle argument,
Dissension, fooroch, virr and aa activitie.
Her soul her ain, the work of hands and hairns
Biggan her ain prosperitie—or squalor
Gin she wish—but nae mair on tap
Her virtue soukit awa and subjeck aye
Till the owerhailan judgement o' a clan
That conquered never but aye bare the baa
Wi bribes and swickerie and idle promits
Till the recreant lords of Scotia Meretrix,
And nou, the lords defunct, rules,
Great Hure o' Gowd that ruled the lords
Scotland's plebs alike
In selvin utter thirldom, happilie.

Heirs of Wallace, Saltoun, John Maclean
—Gif some there be—
Keir Hardie or Roberto to arise,
Nou hauf the race is wan, dinna forget,
As Russia did, the tither hauf—
The soul in chains as aince the bodie was.

Shaw me *in corpore sano sanam mentem*!
They canna separate thrive, nae mair
Nor man and woman aa their lane,
Centripetant, can eer fulfil
Their law and liking that is entitie
          And, for a nation, libertie.

Aince it was pie in the sky
Nou we hae jeelie the day;
The newest opium of the people's weill received
They staw it doun in handfaes—
But freedom's mair nor wishfu thocht
Or prayer or pious howps or promises.
Is Scotland blylie wi her weym weill stecht?
Is Russia wi the world til her hand?
Americie wi aa the gowd and grift there is?

When freedom screicht in Hungary
          We didna hearken;
Took a fag, a drink, and drapt
          Maybe an auntran tear
And never felt the peerie
Flutherin o' a deean hairt at hame
Was freedom deean here alsweill
—No forenent the tanks
          But in its sleep
Wi far less fash and nae strauchle
          Deean natheless
          Natheless deean
As it dees the day, my friens.

Corruptioun was smittle aye,
          Like fear, her brither—
Ah Scotland, cou, see it rinnan
Epidemic throu the land, the fowk
Thowless, "bocht and sold", the soul asleep.
"I'll dae whit I'm tellt gin ye pey me for't"—

A braw philosophie for the sons of men . . .
And men wi Lyon and Thistle for their gonfalon!
Mouse and Kailstock wad be likelier them
And milk nor barley bree
Mair kynder for their watterie bluid
"Predigestit in hygienic fancy pack.
Buy now and SAVE!"

And sae we buy and loss
And drink the poison elixir
Gie thanks and dee
And bring doun aa the sancts
And Europe in our faa—

Ah, Scotia Muse that sleeps sae kynd,
That gied me aa content and luve,
Wauken ye, pit airn til our hand
And gar us bigg again and stairk
The temple that is crottlan intil sand.

Iona saw the beginning
Iona sees the end
Icolmkil rose-reid
Green-sheenan under wave.

VIII

Alexander our king lang deid
Wallace and the hero breed—
Rivers o' bluid has rin til the sea
But Scotland aye in perplexitie.

Thirlit, dumb, unsiccar and unmanned
Wi souple back and cap in hand,
The bluid that teemed in ithers' wars
Gey thin ahint her auntient scaurs.
Wir kyte is fou, nocht ither need
Wi pride lang tint and honour deid.

Here is nae peace the hairt can dree
Fause peace is but the kiss of daith—
But, Lord, we hae nae time to dee
When life seeps out wi ilka braith.

Wallace wicht, be wi us nou
Scotland has need o' ye
Of thy strang hairt we hae great need
In dour extremitie.

IX

The licht derknit
And the luift thickened
Yella and gray and green
A bruise of storm
As it were nicht again.

I turnit me and saw
Her sleepan there
Scotland in her fairheid
Kennan aa but speakan nocht
Her virtues liggan there.

Muse of Scotland, Scotia,
Helen of this land, Ni Chaltuinn,
My ain luve, speak tae me nou
     And prophesie
Til me, til aa that has lugs to hear . . .

     —In the name o' names!
     I damn near dee'd on the spot—!
     A chutterin took my flesh
     The hair birselt on my back
     As frae the mirk a voice spak:

Some are blind that winna see
Some deif that winna hear
    Some cry upon me
And when I come they fear.
Hear then, bard, and testifie.
I hae aspects moniefauld
Whiles disparate, whiles ane,
Monie a time ye cry on me
And cry on monie names—
Aa are true, and aa mine ain.

Archaic Aphrodite.
          The nicht come,
Is Aphrodite Scotia
The Dark Ane
Regent of the luvers' nicht
Ark o' their freedom—
In her mirk aspect Scotia
The aulds truths conjine
And luve and libertie are ane—
As aince I tellt anither bard
Twa hunder winters syne
Was hanselled by the Januar wind in Kyle.

    Nae mair she said.
    The oracle was dune—
    And me hauf deid wi fricht
    Took up my pen—

        But seean her liggan there
        Kent what she meant.
        Luve is life is libertie
        This the haill trinitie—
        And sae I made this semple rune
        As prayer and testament.

Aphrodite Scotia
In persona propria
Let me sleep nocht or the morn
Sees the auntient truth reborn;
Hiech is Nevis abune the hills
Hiecher yet she that rules—
Aphrodite Scotia
In persona propria.

        And the eenin and the mornin
        Were the umpteenth year . . .

My luve, hou lang, lang ye sleep—
Open your airms again!
Open your een!

Embro toun, 25 Janiveer 1959

Kynd Kittock's Land
1965

I

This rortie wretched city
Sair come doun frae its auld hiechts
—The hauf o't smug, complacent,
Lost til all pride of race or spirit,
The tither wild and rouch as ever
In its secret hairt
But lost alsweill, the smeddum tane,
The man o' independent mind has cap in hand the day
—Sits on its craggy spine
And drees the wind and rain
That nourished all its genius
—Weary wi centuries
This empty capital snorts like a great beast
Caged in its sleep, dreaming of freedom
But with nae belief,
Indulging an auld ritual
Whase meaning's been forgot owre lang,
A mere habit of words—when the drink's in—
And signifying naething.

This rortie wretched city
Built on history
Built of history
Born of feud and enmity
Suckled on bluid and treachery
Its lullabies the clash of steel
And shouted slogan, sits here in her lichtit cage,
A beast wi the soul o' an auld runkled whure,
Telling her billies o' her granderie in auld lang syne
—Oh ay, it was grand and glorious,
Splendant wi banners and nobilitie
—Nae greater granderie were was
Than was kent by thae grey stanes
But nou—juist memories for towrists—Ha!

Gang doun nou, come doun and I'll lead ye
Intil the hairt of Scotland's hairt—
Ye dour gurlie city, capital o' a land
That sells itsel for greed
And nane to blame but us oursels,
A land whase rulers sellt theirsels langsyne
And nou watch out her death-thraws without thocht,
Unmoved, nae conscience—Yon's the pathetic fallacy—
Livin on memories, what are ye nou,
That cannae keep your folk about ye—?
See them, see the remnants staunin there,
The worthies, bletherin, beat,
Or juist auld and weary—
The fecht is finished and their strength all dune.

There's ithers though
A wheen stubborn chiels
As in the great days o' your granderie
That winna bow the heid—
But hae nae pouer to act
Nae voice, nae act, juist acted on,
A pensioner that cannae afford his pride nae mair
And cannae sell his poverty to mend it.

These men's faithers held the walls of Reekie
They held the mairches of the Debatable Land
They cam frae farrest Thule and Hebrides
To haud this land itsel—
—And for itsel!

Look doun there nou and see—
See! Doun the close at the World's End, Kynd Kittock
Haein fun as usual in her ain sweet way
Humped in a doorway stinko as a Bacchic maid
—She dee'd o' drouth five hunder year sinsyne
(But ye'll no ken o' this);
She couldna thole the bourgeois joys o' Paradise
Whar they sent her, Christian buddies,
And, by a special dispensatioun o' the Court,
Nou keeps a cantie howff outby the Gowden Yetts
For drouthie tinks like Peter, Noah,
Auld Methusalem—and you.
Her lineal descendant's makkin siccar
Yon awfae fate shall never hap again.

—Och, terrible, says the Bylie's wife,
There should be a law. Ay, and sae there is, mem.
It's jungle law. Ech? Terrible?
Awa wi ye!—See there!
An auld ane sittin on a bink
His medals popped or maybe hingin proodly
Like a banner on the wall
Abune his empty grate in some foosty single-end
Whar's dochters ply the trade
And dream of film stars
But for wee-er fees, I fear—
The game's the same, though, efter aa,
For Judie O'Grady and the Colonel's lady.

—And there a veteran o' three wars bydand,
Quiet, poor, but, cynics, d'ye ken?
—He's prood! A warrior,
Out o' date, pit oot tae grass,
But warrior breed. Mock not, ye blythsome bairnies,
Mock not the men that biggit the land
Ye live by. Mock never the hands
That made these walls; mock never
The hands defended them. Mock not
That ye be not mocked in your turn
When your turn comes.
These men made siccar that ye walk the street the day—
Sae mock them nocht.
For you are history tae; yon's the rub.
See that ye mak mair siccar than your faithers did—
For time is short the day
And's gettin shorter as the hours flee . . .

Ane o' thae faces is a spaceman—or a millionaire maybe.
Ane is a captain o' men—or a bobby.
Ane will play for Hearts or Hibs, syne keep a pub,
And she the beauty-queen o' Portibellie without doubt—
          —And mither o' five—
And aa the lave will flee
Frae their crippling history
That they ken nocht aboot
Like their faithers before them
—And dae fine in the States maistlike,
The usual story.

This is our history nou, in action.

Gang doun the hill. Ye get mair noble
As ye gang, or less, past Deacon Brodie
Elevated thrice for his thieveries,
Twice on pubs and aince
For aa time on his ain patent gibbet—
A kin' o' ghoulish joke—
Ach, Aiberdeen, you never had the like o' yon;
Auld Reekie wins at that, at least!

But at the fute o' the Mile ye're juist
As hiech as ye can get wi the jessie Darnley's
Silken waistcoat on the wall
And Mary's Bathtub gey nearhaundy
And gey cauld, ye'd think.
      A queerlike canyon is the Canongate,
That murmurs yet wi the names
O' lang deid bards—alack,
Auld Rabbie's Bar is gane
But Honest Allan's there
And the ghaist o' the Electric Shepherd
(As they cry him)
Still hauds up his boozie snoot for nourishment:
Puir Fergusson's forgot, eheu! Eheu!

"We hae forgot muckle, Clarinda,
Gane wi the rift o' the wind"—
But ithers rise to tak their places brawlie:
Grieve and Garioch aye tuim their pints,
Mackie wheezes, Scott aye propheseezes
Frae his lofty riggin tree
While lean MacCaig stauns snuffin the Western seas
And Brown leads wi his Viking chin
And winna be rebukit.
      Name the names, O Auk
As tributaries o' the Muse.
And spurn the mean, lang-heidit pencil-nebs
Like terriers yapping at their shades
—Nae man kens why; it could be envy, shairly,
But wha wad envy sic penurious scribes?
—Search me, nuncle, I ken nocht aboot it.

Ah, stay me wi flagons, dochter o' Sharon, comfort me,
Hain me, compass me about with aipples!
Cool this fevered spreit with sevin-frondit docken,
Flagons, marjoram, green fields, Salome!
Belling beakers, let them be til my hand! Dance!
The corn be orient and immortal barley greit!
Stay me, shore me up thir rue-I-ends, ye cedars o' Lebanon!
　　(Seceders o' Raasay, what say ye?)
Slocken my drouth with pippins, Hebe!
Rosemary, bed me, sort my place of biding, sain me,
Entreat me kindly, temper this tuneless carillon,
This cracked and untrue campanile, O Venezia, greenest isle!
　　—Black Rose of Shalimar, white hands, come cherish me
And hap me haill, my soul, with hairtsome companie,
Licht unflichtering of this lichtless airt!
　　Fetch tumblers, dear buffoons, carnalitie
And Mammon's blythsome Bridal-Sang . . .
　　—Venus Merrytricks, mix you the drinks!

Come, be merry, gintles, joy, carouse ye carefree
In the Creek of Darkness, laugh me revelry, lutes,
And all the royal piping of the west!
Haud and bind this boaster muckle-mou, and sing,
Sweet leddies; ay, discourse wi aa thy minstrelsie, my dear,
And let all pantomime be at my fee,
Cried the Great Auk in his munificence . . . Ah, whit a man!
"On Tinto Tap there was a Cap"
But nou tis in my haund . . . O slainte mhor, my hap-
-pie Hielandman frae outermaist bunds of Fife!
Och, cry a halt! Let's call the bummer's bluff
And drouth tak him that first cries Haud enuff!

The bard is rairin truly.
Whit the hell's the laddie at?
—Flux and floosies, faither,
Flux and floosies—
　　　　　　—Eh?
—I said. —Whit's flux? I ken floosies.
Or did. Heh! Heh! Ay, I did.
I did tae. Ken floosies? Och ay, but flux?
—Och, never heed, it's early yet.

—Early! Ma Gode, it's eneuch in the day
For this deid dump.
Your Ensign Ewarts and your granderies,
Yon's fine talk—wi the waas crottlan doun
And the roof lettin in
And the towrists gowpin up at Wattie Scott the Wizard o' Oz
And Rizzard Haddie's miraculous bluid steamin on Mary's flair—
Ooh ay, but ainlie in the summer season—
It's the heat o' the sun brings out the flaes
And the telly aa the crap—

Gie me nae mair o' yon,
Tak aff your dram, sonnie,
It's no juist late—It's damn owre late
And fine ye ken it.
Dinnae horse around wi me—
I kent your faither, daein weill I hope—
A fine gentleman, ay, oh ay,
Fine gentleman—but yon winna
Get us oot the bog we're in
Or cheynge the price o' fush—
Ye'll hae a pint?—Ooh ay, I'll tak a pint
And monie thanks tae you, sir, but—

—Ay but. But's the million dollar question.
Whizz; we'll cheynge the mood
Gin we canna cheynge the price
And seek a balmier companie,
Fresh bars and counters new
Whar bards commune wi infidels
And serious men o' lear can gie ye
Rotten tips for Also Rans wiout a hint o' shame
And lend a quid and never want it back
Till next day week—with luck—
"The frolic and the gay"

Without a care in the world but want o' cash
—Till efter ten when they'll dispute
(Maist earnestly wi hauf a bottle on the hip
And a dozen cans o' export in a poke—
Be-gob, by Toad, Grandfaither and our friend the Resident!)
Anent the evils o' the world
And what they'd dae to pit it richt
Or the reputations (maist ill-foundit) o' their rivals
In whatever line ye like, it maks nae odds

Ilkane gets chopped—gif but to warrant
Their ain perglorious superiority
Abune all ithers, gum, and richtly sae, says Gob,
By Toad, God wot!
And best respects, wha's like us? Hic!

V

But look, the dawn breaks sweetly white
Like a tired professional bride in Shangri-la
And gently, with insensible insistence
Says "All dune, Diversion ends,"
And pits a timeous closure to their fantasies.

For dawn is truth. The dawn is work.
The dawn is empty. Dawn is cauld and hard.
Maistly, though, the dawn is all her lane,
There's nane about but early slaves,
Lost lovers and broke drunks—

It was the dawin yesternicht
    (Gin ye see what I mean?)
Saumon-reid athort the eastern luift
And cauld as beggarie
As he daunert hame wi his sel, strayed reveller,
The drink in his kyte as deid and dune
As Cleopatra's chastitie
As a wedow-woman's vows o' constancie.

Ay, it's been the lang nicht
But the dawin it is in truth—and there's the sign,
Beyond aa naitural significatiouns, sir,
That gang aft agley, as ye ken:
Lo, there, Sanct Cuthbert's milk-cairts clopperin by,
Infallible, and the streetlamps
Deid asleep on their feet
As me on mine gey near,
He croons til his sel—maun get a shave,
Shape up—a drap o' the hair o' the Auld Kirk's dug
And we'se be as richt as rain—for a bit—
Maybe. Aurora smile on me . . .

History sleeps nou, for a bittie.
Dreams and thochts and vain imaginings
Bow doun wi a lith in their necks
Til industry, invention, enterprise, sound sense and power!
Mercie, whit a collection of awfae words
First thing in the morning, tae!
Tycoons tak ower frae the bards and lauchin lassies,
Hairt liggs doun at feet of Gowden Cauf
Enslaved by the muckler god of day,
King Sol the affluent, Giver of Riches, credits, yachts,
(And *poules de luxe, parbleu*!), wha at his rising
Raises man to stark endeavour, dull as ditch,
And at his setting sets him free to play
And dream and plan and dream again
And waste his substance on the fleein spree
And argy-bargle like the Hula Bird
Round and round, backlins foremaist,
In aye-decreasing concentric circles
Till you ken what—
And seek and dream and fecht—and love whiles—
All things ither being equal, o' course.

VI

Some dreams are sleepin in the bottom o' a glass,
Some ride in the freezing winds of space,
Some snore in the dampest oxter o' a tree,
Some creep in stanes, some skip
Like nymphets through the brattling burn,
Some broods in dourest deeps
Of midnicht loch, some sit
On hiechest hill communin with the mune—
And you, my friend? And you? You, Maggie?
Sir? And you? Donald? Maister Bain?
Kynd Kittock, what say ye?

—I'll tell ye what I say, and what I ken.
This auld rortie city that ye speak o',
(Ken) here we'll be and here we'll bide
Come wind, high water and the westren gales—
I've been here, and will be, year on year,
Five hunder year or thereabouts
And I'll be here five hunder yet to come, at the world's end.

Embro toun is me and me is it—d'ye see?
The winds will come as winds have been
But ever and aye there's us
That sits here bien and snog,
Members, son, o' an auld companie
In an auld rortie city—
Wretched, tae, ye cried us, ach, young man,
Ye ken nocht aboot it—as ye said yersel.

Times aye cheynge and this auld runt
Will flouer again (Heh! Heh! Yon's me!)
And hae nae cheynge ava—we're aye the same,
The desperate and the deid, the livin raucle yins,
D'ye ken? Ay, though, and sae it is,
Auld Reekie through the keekin glass
Looks fine, and sae it does.
        And the mornin and the evenin
        Were anither age gane by . . .

I'm gettin gey an' auld, and wearie . . .
Sleepie . . . my grey heid hings . . .

And shall she get the richts o' it,
A diadem for the brou?
Shall Scotland croun her ain again,
This ancient capital—?
Or sell the thing for scrap?
Or some Yankee museum maybe?
I'll be here bidin the answer . . .
Here I be and here I drink,
This is mine, Kynd Kittock's land,
For ever and aye while stane shall stand—
For ever and aye till the World's End.

Gowdspink in Reekie
1974

Where wealth accumulates and men decay.
GOLDSMITH, *The Deserted Village*

I

Oliver Goldsmith, gangrel scriever
Frae the Emerant Isle, a feckless billie,
Aince (as is the happitude o' feckless billies)
Gied the world and gomerall his dowpmaist thochts
And wyce cansoteratiouns anent, o' aa things
Neath the mischancical mune, *Economy*!
                                        —Och, Smith,
Gowdsmith, weill and ill-named baith!
For never can the twain bide cosh thegither
But like electricly-conductit fish
Are curst wi a mutually antimagnetic field
—Or what the hell they cry it—
. . . Antipathetic, they flee apairt whenas they touch
In an endless leelang round o' lovers' tulyies:
        Gowd and Smith will neer agree
        Nae mair will siller and makar—
        Black and blue's mairlike to mate,
        Or east and west, or sky-green pink,
        The colour o' a punk, wi putty-colour . . .
Na, na, my mannie, idle auctor, it will never dae
—As this puir smith and brither bard
(Thy servant and sobredient varmint
And brither gangrel, feckless billie tae,
For the maitter o' yon) kens owre weill
To jokifie about at this stage
In our banal predicament.

But yet, for aa that,
Nanetheless and speakin under correctioun
In guid faith wi nae nasturtiums,
Never hae I had the bleezin imputence,
The unconscionable hippocrastitie
Of Ollie, tae endite a moral leid on *sicna* theme—
O' aa themes in the zodiac!
—But and sae he did, by the Lord Mickie!
A man o' bronze, o' brass at all events,
    Sauf but his pooches' vents,
    Penurious man o' my hairt!

What was't again? I've tint the threid;
I'm gangin aa agley, led on
By my ain surcease o' windflaucht verbobesitie . . .
—Oh ay, "When wealth accumulates then man decays,"
Or words wi like scantsignifence.

Ah, Gowdie, my Gowdie, what a man are you?
"One, sir, like yourself, that God has made
For his own self to mar, Mercutio."—Ay,
Gin wealth accumulates, then man does tae,
And merit tae, and granderie, and love and insolence,
    As you ken weill and I ken
    And ilka drouthie tink kens—
"As lang's there's pith into the barrel
    We'll drink and gree."
And vicie-versie when the siller's out
For then it follows as the nicht the day
That man is pitten til the door and nae
Fine moraleesings sweys the bitten hairt
O' the robber licensee whase porte
Is ever open til the boskie lieges
For the sale o' excitipple liquors
    (Ainlie through permitted hours, of course);
In or out ye're weilcome aye
Dependant on your clinks in poke . . .!
We're in the saddle nou, the fit is on—
Muse, let this be nou my theme!
Kilt your coats, lassockie, shake-a the hips!
    And ben the bar wi me, hen,
      Ben the bar wi me . . .
        For a wee.

II

But sudden in my mind it comes,
Auld Ollie, that ye were yoursel
In Reekie aince—why or wharfae's
No the point the nou. But there it is
And yon's a fact. And when ye were here
Ye'd likely aince or twice
Hae had the occasion,
    (Cry it inclinatioun
    Or the rairin drouth)
To tak a daunder through the trollopie toun—
    The Royal Mile maybe,
Historic throwgang o' the Modren Athens
(Yon's a lauch!) and aa yon . . .
—We'll skip the bromantic,
Atmospheric, "evocative" taraddidle
For the moment, if it's all the same wi you
—It's ane o' thae set-books I neer could read . . .

But tell me nou, in your ain perembrodrouthie
Possage through mine ain romantick toun
Did ye find, I ferlie, when your wealth
Decumulatit hour by fluid hour
That man was thereby grandified?
Objectively, I mean—
    For I ken weill as you
    The splendant spurious granderie o' booze,
    But ye cannae traivel on this line
    Wi yon auld punched and clipt tyke-luggit
    Ragment o' a bastart bit
    O' synthetical, subjective exsqueeze
    For a ticket-o'-leave on the beat-up broke-doun
    Escape route that ye think ye're on . . .
    Ye maun rise dooms early at the skreak-o'-daw
    To win a hurl on yon ghaist trolley-bus route
    Wi the Shennachie Smith as clippie, Gowdspink,
    I can tell ye.
                —But eneuch o' yon. Juist!

Maistlike the nicht begoud at the tap,
On Castlehill, the "Eagle" then,
The "Ensign Ewart" nou, auld Mowat's shop,
        (Gane nou, gane nou, *hélas, mes bons copains, mes
        Camarades, hélas, sunt lacrimae rerum*, sae it is . . .)
Back o' the Assembly Hall
Whar douce meenister men foregaither
Ilka year to hail their Moderator
And indulge theirsels wi a week of blethers
Anent the evils o' the world o' men
That wouldnae be in siccan awfae steer
If they'd *their* wey o't—or sae they think.
Or, mairlike, *say* they think—

                                But on yon
Particular road there's nane can gree—
And all as merry as a Bridal Bell.

Douce "Eagle", whar the reverent meenister men,
Far frae the ee o' spouse or Maister Knox neist door,
Would hae anither Assembly o' their ain
And tuim their nips and drams as crouse
As you or me—until alack-a-day—
The siller's out—and syne decay . . .

—Guid life, I've mindit why ye cam
Til Embro nou, mine Ollie, antient fiere!
It was Medicine ye were studying,
As aince I did mysel, at Embro tae—
Ay, but ye stuck it langer far nor me!
A towmond and a hauf ye ran
And me juist twa-three terms, for shame!
—But ye can see there's a kind o' bund
Atween us twa, gangrel buddies surely,
Ay, but bards forbye, I'd hae the world ken—
And if they dinnae, mair's their loss
No ours, Ollie, for nocht we hae to tine
(Guid kens) and yon's a fact
That's incontusaboll at last, at least—or even best.

III

It was snawin as we left the howff,
Gentle and saft and slaw, celestial hauf-crouns
And lichtsome florins blawin
(Or tenpenny pieces nou ye'd cry them, maybe, mem),
Blawin athort the face like angels' kisses
—Divine cooks plottin geese, as the skalds
O' langsinsyne would tell—
And wi the snaw it wasnae cauld ava
Or sae it seemed yon nicht,
Though michtbe our wee session in the howff
Conbibulatit til this unanimity,
This magnumunimondulous empressioun . . .

                                    —Thick and slaw
The fedders fell, sae thick ye couldnae see
        Sanct Giles's Gurk, and the traffic-lichts
At George IV Brig blinkit through like signal-lamps
Frae ships mirk-fundert in the Firth—
        But we didnae stand in a dwaum
Tae admire the beauty o' the feathery flaws,
The vallambrosian dounfaa o' white,
For aa the lave o' the nicht, I can tell ye—
Yon wee bit was juist pit in to set the scene,
Forbye to bribe a wheen guid graces
O' the jalous Nine:
        And, haein loutit doun afore
Romance and Beauty, deidmanstructit
That we werena clods or clowns that thocht
O' nocht but our weyms and the stechin o'm,
Haein tooken oot insurance in th'Aesthetic Stakes,
We could likely jyne the Saultear Sociossity
That hauds its cultural sabbat in the Looinmairkit
Juist up the causey frae the "Deacon Brodie"
And nearby the umquhile "Rabbie Burns"
        (It's been *developed*, hen, like the "Eagle"—ha!
        Obliteratit's what's ye mean, ken,
        Bashed tae bits, ay . . . juist so)
Whar (sae they tell) the Bardie bade
Wi's buddie Richmond when he first hit Edinburrie
Or e'er the Embro gentry lioned him
And dined and wined but wouldnae gie'm
The sinecure his bardic ee was on
                                (and richtlie sae)

223

—Puir Rab! but he had the lauch o'm in the end
As you did, Ollie, tae . . .
                              Whareer ye be
(The twa o' ye's) I'se warand ye're thegither
                              Or God's tint
His celebrated sense o' justice efter aa.

Man, what a bletherskite the fellie is
And nae misgates.—What was I at, again?
Oh, ay, the Saultear Sociossity that maybe we could jyne—
Or the Modren Athenians, or the Scoatish
Sadsatiety for the Spukin o' Verse,
Or maybe the Apollonian Sotality
Or the Lawlands Lot
                    (Ambeetious, see?)
On the strength o' wir wee winter rhampsoty . . .
But, 'smaitter o' fack, we didnae hae the *time*!
Juist that.
            Ay, time and tide
For nae man bide, as the pote hash't,
As aa ken weill that sweel—
And sae on, et soifisraw, und so is watter.

Sae, no to muck a fountain oot o' mulled yill,
And to cup a lang stoup o' port,
Ben we sliddert til the "Randyvoo"
                    (Nou the "Deacon Brodie", as abunesaid)
Forthwith on the instanter and incontinent
Without mair debate, obstrunctioun,
Discutatioun or ocht ither potible delay,
And sottled doun like fine auld Sottish shantymen
Til the mair importunate booziness
O' the nicht—to wet; nips and happy-days—
For aa the world like the bonnie sanctit
Meenister men in Assembly Week.

Our god was maybe different (some would hae't)
Or maybe juist the same—consult
The scholards on this point
Maist problemythicale . . .
        It didnae fash Ollie and me,
And yon's the truth. Nae offence, o' course.
It's owre early in the nicht for yon.
Set ye doun, my menyie—or stand if ye prefer—
But get your gob in a gless, ingorge,
Swallie, ingest, and syne gie thanks

224

Til whatna gods there be (it maks nae odds:
Frae ilka gleid the reik sooms luiftward)
And til the benefactors o' the feast,
The dispenser o' wir twa-three blads
O' fauldin-money, wha-iver he micht be—
"All probonobibulations groatfully imbibed
In cruse or can—wi thankards and canplenishments."

IV

Efter the glaumert mile frae "Eagle" doun
Til "Darnley's Wallicoat" was dune
(And there's anither gane!)
We werenae juist as sober as we'd been, and—
I cannae mind the howff, in Rose Street onyweys,
The "Abbotsford" maybe or "Daddy Milne's"—
But we were standing at the bar . . . .
     When, there she was!
The door bust open wi a thrang
O' orra buddies, students and conspiratoories,
All on the bash to celebrate I dae ken what—
And there she was, a lassie frae the mune direct,
That smiled at me. I hadnae seen her eer afore
(I *think*. I'd heard her speak fell aft, Guid kens,
  Maistly in the wee smaa hours
  I my lane by a deein gleid
  And she pittin the first words
  In my mouth that whiles grew efter
  Til a poem or a sang
     —And whiles did nocht ava)
And here she was in person, sae it seemed,
Or maybe 'twas the mirligaes again . . .

I was a wee thing fleggit—nocht unduly
In the skeericumstances, if ye see what I mean—
I look't at Ollie by my side; but he saw nocht.
I lookit at my gless—and pit it doun again—
And lookit at the Muse (if truly it was she)
     . . . She was awa!
My certie, sirs, I took yon gless in my nieve,
Tuimed it and got anither quick eneuch
I'll aye admit. Ollie had noticed nocht.

I said I wasnae feart (she'd smiled, efter all)
But I felt destruction imminent,
The haill story clear as in a map
Writ there in the reik that hung
Like a haar athort the howff; the end
Unfleeable, the joy and pain thegither,
Heaven and Hell, the birth and daith,
Wealth and decay, the haill catastrophe
Implicit in conception—it wasnae cannie!

Ay, says Ollie the bauld boyo when I tellt him,
I've heard it all before, and shall again
Doubtless—and ordered anither round.
Man, he says, 'twas ever the same,
For ever and never it was. It's maybe
Where we seek her that we find her,
Or maybe just the clean contrary—
That she's not for the seekin, but just haply
Glimpsed in the passing, like.
I never met her in the city, no,
But in the country parts where wealth
Accumulates and men decay, as once I wrote,
Though now I see I'm wrong—the landward parts
Are ravished by the townsman's greed
Of men and treasure both, till even
Natural riches dwindle, die, and men
Accumulate black wealth on country death
And build a model factory where all was peace.
—But, my friend, you cannot change these things.
With T.V. and 3-D, the H-bomb and R.I.P.
Man gets the just conditions he deserves.

Mein Gott, says I, here's us, maist undeserved,
    Decaying fast eneuch,
Helping the distillers, brewers, publicans
And siclike splendid princes o' the earth
Accumulate our puir ill-gotten wealth—
The hell wi them, we'se drink our ain guid health
And syne til ither bields and boskage new . . .!

Ye're right, says Ollie, drink you up,
And here's the best to you, Theophilus,
Most pregnant and crackmythical phoolosumphicker.

V

And sae the nicht wore on, and Einstein pit
Puir Gowdie's leid to rout wi ilka lick.
Ay, relativity was pruven richt
A dozie dizzen times yon famous nicht.

The wealth o' publicans accumulatit, ay,
And yet, despite, they flourished like the green bay tree
While their puir patrons' pooches crynit all away
Like greybairds' cullage-bags e'en as their sels decayed.

What peerie thochts they had at first
Grew noble, large and monstrous, grandiose
As their cantent o' scance grew less;
And as they grew mair stumious ilka hour,
Mair arrogant, dogmatic and opinionate,
Their triviality grew wings and thundert
As the clock muved round its fate—
And effortless, unnoticed as a boat
Slips doun the reach, sae did their "points-o'-view"
Recede, diminish til a viewless preen-point
O' coherence, as the hours fleed;

Their fine booze-drawn gyrations in the void
Nae audience but the speakers' sels enjoyed;
Their skinklin wut weill-rhymed wi shut
And tane drew's muckle lauchter as the tither.

—They lived frae gless til mou,
Frae gob til donnert lug
As pot intil the thrapple teemed awa
Or spilt its virtue on the dozent bar . . .
        As did our ain indeed,

For we were nocht exempt, the bard and me,
Gowdie and Smith nae laggarts wi the lave.
—But 'twas a guid excursion nanetheless
As we accumulatit and our wealth decayed.

VI

Na, na, mine Ollie,
I fear in nae.weys could we eer endorse
Your noble dictum cast in "flawless-verse"
Mair polished, elegant and plat
Nor my wheen raggit numbers in your praise.

And yet, for aa that, bogus Doc, there's maybe
Mair o' gowd in pot-house brabblement
Nor in the earnest hummle-bummle
O' the learnit and the michty in their seats—

Gie me a randy, cantie howff,
A wheen daft drucken billies at their ploys
         (Wi, I maun admit,
     A certain modicum o' Nature's wit
     Abune the larry cretinous!
         —Ay, 'tis true, I fear
     I cannae thole for lang the abject ape
     —Though he's guid tae and sairs his purpose aft
     By milkin the mick out o' certain gilded neaps,
Grand Chams wi heids o' pap and hairts o' sorbo mixture
     That we neednae name—for discretioun's sake!)
And lea the slee politicos, the twisters, trimmers, fakers,
Faes o' yours and mine, the lords, directors,
Company promoters, chairmen, advertisers,
Presidents, executives and sleekit quacks
O' aa damscraptiouns whatsoiver
                    Gang as quick's they like
Doun til whatna hell or paradise they seek—
And they can hae it in perpetuallfatuitie
With pleisure and nae prejudice til god nor goat.

                    —Though, mind you, *sir*!
I'll hear nae word agin the clartie cash,
The stinkin lucre, if it comes to *me*!
If I'd accumulate the sacred base doubloons
I'd neer decay as I dae wantin them!
The yeukie loof, the aye-gowpin pooch,
The gless that never can be ower-fulled—
Yon's me—and back again til the howff
Wi ye, auld brither bard, to rant agin wir betters,
Chack the hand that feeds us, pourin saut
Intil the skaiths that feel it nocht,
And spend our ill-got broken-back inheritance

228

As swith and swackly as the frame permits:
—"There is nae limit til the speed
If the works can be made to stand,"
As Geordie "Rocket" Stephenson aince said
(Wi a kind o' misfortune amphibologie, may be)
And syne gae doun, retire, and syne our last convene
In auld Kynd Kittock's snug sheebeen
Outby Sanct Peter's Yett—
  The whilk ye've found by this, I've smaa doubt.

VII

  —Ay, Smith, my Gowdie,
Here's a final gless til your standless ghaist
In whatna airt it drees its immortality!
And if yon kenless bourne is ainly
In our heid and hairts, then weill eneuch . . .
Then thine is here in mine
As I sit scrievin nou thir lines
Tae honour thee, *mon brave, mon capitaine.*

    I raise my gless, makar,
To solemnlute ye, gangrel brither,
Whase wealth in pooch accumulated nane
But whase rich tresorie o' soul and sang
  Decay shall never claim.

  Gowdspink, my maik, my lay is dune—
Pray for this gowdless smith
  What byke ye're in.
I'll see ye syne. Guid nicht!
  —Ye *ken.*
  Ay, ye ken indeed!

Quod S. G. S. makar
Embro toun, 1973

from
Fifteen Poems and a Play
1969

The Twa Brigs

Hou *this* cam about I dinnae ken
Or gif I kent ae time I cannae mind:
But sae it did, a maist unco queerlike stint
(Shades o' the Laureate!) to hymn a brig
Twa generations auld afore it's born—
The Forth Road Brig, it's truth!
This braw new brig that streetches owre the Frith
Wi a lichtsome streetch,
Twa bonny airms o' lassies jynin owre the water,
Wi their feet in the water tae—
Didnae Venus rise frae the wave, for luve's sake?
This is the stint I've taen—
                    Sae let it be.

As Burns aince hymned the Brigs o' Ayr langsyne,
And MacGonagall the Tay,
Sae Smith is thirled to try the like
For Frith of Froth the day.

Ah, Fame, what is thy sleek satiric stang,
To mell wi bards o' sic kenspeckle sang?
Unwordy then, I grip my shoogly pen
And launch me til a hyne I dinnae ken. . . .

O Bards o' yore, be ye my stay,
In name o' Brig o' Ayr and eke o' Tay!

There was nae brig in the auld time.
There was aye a ferry, though,
Athort Queen Margaret's Passage,
She that gied the place its name to this hinder day,

Whar a king dee'd seekin his queen,
As aa the bairnies ken, or used to ken.
On a dour nicht o' storm he crossed the water
But fell frae Kinghorn's cliff, gin ye mind—
Alexander his name—shout his name wi trumpets! . . .
End o' the gowden years . . . lang years sinsyne.

Thae days, the brig was further up the river,
The auld wuiden brig at Striveling toun
Whar Wallace wicht dang doun the micht
O' Langshanks' England, never to be forgot—
The firstmaist blow that wan the kingrik free
Was on a brig that spanned the infant Forth—
                              Never to be forgot.
Mind it, my bairnies,
The crux is here again.

   This brig we hae the day
   Is likely the last will cross the Scottish Sea
   (As the auld maps cried it)
   And whether the kingrik's free or nocht the day
   Is no for me to tell, under the maist unco
   Queerlike sorrycumstances o' this story.
   Laureate or no, MacGonagall, my fiere,
                         what's truth is truth
   And winna ding—we've precedent
   In gey near Hollowy Gobspill
   For yon, auld frien. Auld Bard o' Ayr,
   What wad we dae wantin ye? The puir man's gift!
   Ye len's a fine rumspectacle gloss
   Til aa kinna semi-soppyversive *aperçues*
   O' mair humble scriveners the like o' me.
   Praise the Bard, aa ye whase patriot fire
   Burns bricht and clear until this hinder hour
   Like sunsheen owre the skinklin Forth—
                         —Gin ye get a decent day for't!

Years, mony years rowed on
And syne they biggit a muckle railway brig,
The wonder o' the day, that aye stands there
A monument o' strenth and grace
Til the dour age o' coal and steam
That foundit Britain's grandeur in the warld—
   Wi the tributary tribal fellies workin weill for stamps
   And medals, decorations, seats in government
   And foreign missions,

234

E'en the heichest premier positions in the land,
Runnin the haill gamut frae Rumsay MacDamnall
Til guid Schir Alec Knut,
Maist estimable o' comics, aa maist estimable men.
Ay, it's a grand export trade, nane richer,
That we hae frae Scotland, sirs—
Whisky, tweed, and ships,
And British Ministers o' aa degree. . . .
God bliss them, gintles,
Be upstanding—Up! And doun the hatch!
Or doun the watter, Davie lad!

And sae the Auld Brig was biggit that gied
Grandery til the kingrik,
Biggit on the lives o' a million slaves
Thrawn and bent wi gin and jammy pieces—
There it stands, fit monument,
Firm, stairk, thick, imperial—and *works!*
And winna be rebukit . . .
    Brmmm-brmmm . . . brmmm-brmmm . . . brmmm-brmmm.

Mair years rowed on and a new age dawned
O' oil and speed and licht alloys
And swift and swifter slick communications
To bedeevil the dexterous soul o' man yet further
Into suicide and envy and a dream o' fake equality
Whar ilka man's mair equal nor his brither,
The age o' the Joneses, telly, moonshots,
And the family box-on-wheels.

Sae they thocht o' a new brig to fit,
For the breedin motors to get by
On their awfu occasions,
In their myriads and their thousands
Breedin like emmets
And chokin the puir wee ferry-boats til daith
In quees that streetcht alang the road
Baith sides o' the water for miles and hours
O' misery, bidin, cursin and bannin the lang delay
That held them back frae naething at all,
Puir souls, wandering maisterless,
Content wi their specious, petrol-fumy Paradise—
And why nocht, ye muckle girn? It's life, is it no,
As ye see it? Ay, certies, sae it is.

Sae they thocht o' a new brig—och ay,
They thocht o't. They asked for't.
They made "representations",
They made speeches, resolutions,
They formed committees and appyntit delegations—
"Representative bodies' made the proper noises.
"We want a road brig," they said:
"We need the road brig," said they.

"Lat them say!" said the far and careless
Rulers o' wir bluid and state.
"Lat them say!" they said. "We've mair important
Jobs on hand doun here,' they said, "by Gum! . . ."
                    And thirty years gaed by wi nae brig.

And the motors kept on breedin
And bidin the ferry *furioso, furioso*
Or maybe makkin a lang detour
By the third brig in our story,
Kincardine Brig, that used up petrol
And their useless precious time something awfu. . . . Ay. . . .

   We'll hae a wee digression here—
   Juist like Kincardine—and be serious.

I kent a man that lived ablow the great train brig
(In yon wee dolly Toll House for the auld ferry that was),
And aa through the latest war but ane, he tellt me,
The second "last", through sax year the trains,
Puff-puff, gaed constantly . . .
Trum-bummbumm, trum-bummbumm, trum-bummbumm,
Nicht and day aa through the years
Nae minute was a space, ilka minute
Through the blacked-out nicht,
Drawin the gear frae South to North,
Frae North to South, "sinnens o' war", they cried it,
Sae it was, my friends—nicht and day, continuous,
Trum-bummbumm, trum-bummbumm, trum-bummbumm,
Nicht and day, to feed ye, cairry the stuff
T'your laddies—
   Deid, a hantle o'm! blaw bugles owre the noble deid!
—In Burma, Africa, Europe,
Athort the sevin seas to thae maist un-Pacific lands.
But in thae years o' trial nae new brig was possible
                    Or thinkable.

Syne wi peace the cries for the new road brig
Gaed up again. Mair resolutions, delegations,
And I d'ae ken what. . . .
                    Till at lang last,

At lenth, they stairted
                    —And here it is:
The new brig we'd dreamed o',
But never dreamed sae bonny, like a sprite
An Ariel, sae licht as etter's gossamer it looks. . . .
There she swings and lowps the Frith
Wi a lichtsome lauch, sheer glee and joy,
A dance-step wrocht in siller wire,
A lassie's lowp, fit foil for the stridin strenth,
Dour and purposefu, o' her brither o' the iron road
Near a hunder year her senior—it's truth!
There she swings and lowps
And looks at her auld brother
Like a wee slip o' lassie to her busty jo
As gin she said, as a lassie says,
"See me! See my braw new dress, Johnie!
See me nou, like a swan,
No, a swallow mairlike, swingin out
Athort Queen Margaret's Passage,
See me, sweet-hairt, Auld Stumpie, look at me,
Like a fling o' the airm, a rope flung
Athort the Firth—and we're ane, thegither.
Though twa we're ane in perfect mairriage,
Sweet Stumpie, my auld brither.
You'll aye be the stairk auld carle
And me the lissom queynie aa my life
That bides wi you alangside here
Frae Lothian til Fife."
Sae they sit colloguin,
A finer pair ye'll never see to date
In aa the continents o' yerth,
Auld Stumpie and his lissom queyne
Stendin the Frith o' Froth.
But we that stand admirin
Or whizz and whunner owre its lenth
And curse the tolls and aa that,
Maun ne'er forget the men that made the Brig—
Shirley-Smith and Hamilton, salute! And mony ithers—
Ilkane has his slot o' fame,
Whether at drawin-board or perched up heich
In the screichin winds o' winter

237

Spinnin the cable-wire,
Juist as we ne'er forget the billies langsinsyne
That made yon ither wonder o' the warld,
Auld Stumpie, whase tribute o' flung pennies
Frae the train is aye mountin up
        Year efter year
In peerie copper islands in the Firth.

Sae here and nou the Auld Brig greets the New.
They are as ane, jyned evermair in visual communion,
Complementary, a symbol and a parable
O' the pathetic fallacy—
Twa bits o' gear to jyne as ane
Is nonsense, surely! Let us try it,
Then, as humans. Let us grow and learn and jyne
And cease the senseless competition that divides
Man frae man across the birlin Earth.
Let us, wi the symbol o' this lassie brig,
Ettle to jyne wir hands wi they on the tither side
And be and live in live communion
As the insensate works o' man can dae
By our God-gien conceptions—
But no the sensible work o' God, ca'd Man, can dae
                —Or sae it seems.

We can try, we can ettle,
We can byle a fumin kettle
Or play at kiss-in-the-ring a wee
Wad ye suner burn your hand to pruve your faith
Or souk a succar lollie?
                Thinks. . . .
                        Ach, weill. . . .

Here, then, this symbol o' a lassie brig
I see grown muckler till it spans the warld
As nou it lowps frae Lothian til Fife,
No in kind but in degree—
A human brig's the growin end o' life.

Sae here my stint is dune,
Tuim is my caup o' praise—
I maun ging nou to fill it up
And clink a social gless wi my peers
To slocken the torrible drouth engindered

238

By lang regairdin the sauty spase beneath.
Say nocht about it to MacGonagall, o' course,
He's terrible strang agane the Demon Drink:
But the Bard o' Ayr will understand fou weill,
And you, my gintles, tae, I trou—
Nae brig owre water could be sae ingrate
As haud a pickle aqua-vitie frae her laureate.

Three

Three men make a revolution.
LENIN

Wha'd hae daith when there's life?
Wha'd tak a corp in his teeth
When there's live lips to pree?

Wha wad howk in moss or ice?
Wha'd gie his life for anither
When there's spital beds for free?

Wha, for grace, wad harp in Hevin?
Wha'd haud the heid o' a deein dug
When Hevin has been delete?

Wha seeks a kenless fame herefter
—Men's memories and scholards' ink—
When nocht but here is ever?

Wha seeks eternity in a rotten flouer?
Wha racks the mountains faa like stour
When nane there'll be to see it?

Wha'd dae this and wha'd dae yon
When end is nocht but naething?
You.   Me.   Anither.

There is a Tide

There is a tide in luve's affair
Nae poem e'er was made—
The hairt hings like a gull in air
Fòr aa the words are said.

Nou in this saagin-tide we swey
While the world wags and empires faa:
But we that burned high Ilium
What can we rack that ken it aa?

Tu Fu's View of Fife

My "gray hills", Li Po,
Are my thochts o' a distant hairt.
I breathe here but live
In anither airt.

Frae my high winnocks here
I see ayont Forth,
Sun on the sea—and there
She walks that kens my thocht.

'Tis Late

Ay, 'tis late, my hairt
It is the hour when aa
Is lown and when I doze
Weary owre my book
As the fire dees. It's nou
That I maist think o' ye
Though kennin, far frae here,
Ye ligg asleep like a bairn
And maybe dream, or waukenin hear
In the wind outbye or in
The souch o' the sea
Slaw-breathin on the shore

A voice that owre and owre again
Wi the sea's voice whispers
O' his luve for ye—
And speaks aloud thy name.

Winter Blues

A high cauld room. Winter.
Put coal to the fire.
It's a while to heat a room
Even with coal on the fire.

I huddle in a windy nest,
A wee lowe blinkin,
Read stuff I should deal wi,
Dae nocht—o' a lass thinkin.

There's food and drink for me here
But nane to provide me.
I sup frae a black bottle
Her face far beside me.

This is nae life for a bard
Lane-sittin, the fire lowpin.
Wantin her's a half-man:
Less—a dumb shoutin.

The Pledge

A rose for my luve
A million 've said
A rose for my luve
Is newly made

The bluid aye reid
The leaf green
Nocht under Hevin
Is newly seen

To cry the mune
Is an auld tale
Maas flee landart
Afore the gale

White is the sea
As wind in leaf
The rose is bluid
As luve is grief

Reid as the burn
Runs in my hand
My white rose reid
In a green land

White mune, see
The leaf is reid
As green the sea
O' the hairt's bluid

Ice-cauld mune
Watch and warn
In your white look
Aa memories burn

Triumph is yours
As here is born
The antique luve
Your tides return

This ae reid rose
In her bosom sleeps
Bluid upon snaw, lass
Deep under deeps

Winds blaw in
Frae ilka airt
Landseas thunder
Hairt upon hairt

Maas flee landart
Tempest cracks
In this green hairt
The rose is pax

A rose for my luve
Is newly made

Said Heraclitus

Said Heraclitus: Fire and flux,
Naething but does muve,
Aathing a flouerin and a deein
—And sae wi luve.

Aathing passes, aathing dees,
Aathing an end maun hae:
This is the greit in the hairt o' things,
The *rerum lacrimæ*.

This is nae lassie's sentiment
As some wad hae't,
For youth maun flee
And fairheid wi't:
Luve will hae his day
And the fire dee.

Sae unco beauty stounds the hairt
And hairt wad greit but kensna why:
Sae luvers deep in glamory
Are unco dowy whiles, wi joy.

Silent they gaze in ither's face—
Aa time sleeps in her een,
Eternity sabs in ae embrace
And as it breathes is gane:
But to come back, she says,
But to come back again.

Queen o' luve, the white mune rides
But syne the dawin breirs,
Pale nou the Queen as she doun dwines
And I maun leave my dear;
But as we twyne, juist as we twyne
Anither tryst draws near
And ilka day apairt
But hastes me til my hairt.

Sae Heraclitus' leid
Is richt, we pruve:
Aathing a deein and a flouerin—
And sae wi luve.

Granton

Doun by the water there
Whar the black ships berth
Is a dernit life beneath—
Cauldbluid mortalities
Unmercifu and ceaseless,
Thochtless as the seasons' round,
As daith, as memories.

Ay, and a new fell memory tae
That aye like miser's gowd
I maun haud wi me:
When the mune is up and owre
The rainwhipt water there
I think it tragedy and splendour
That is nocht ither
Nor a lassie's face
I downa put frae me.

A fule and his folly canna twyne
Their pledge is till the crack o' time:
Likely it's a daith I seek,
Some skaith to sain or pruve
Doun by the water there,
Some lang unmindit unforgotten stound
Was ne'er forgien
And can be nevermair.

Sae I maun aye retour
Faithless to renew
Some faith in Godforgotten daith
And in its loss to find
Mysel forgien by this new
And luve maist terrible
That like ilka dedicatit hairt
In its fule kind
Is in its action ruthless,
Wilyart as the tide.
But unlike the spindrift spume
(The flouers o' the freith

Instant in life and daith)
The fruct and flouer, the blume
O' luve, like a leaf,
Rounds in its proper season, ay,
But mair, it hauds
The centuries in a sigh
And in a nicht can plumb
The Corrievrechan o' eternity.

3

Standin by the water here—
Cauldbluid mortalities beneath
Abune, the icecauld cruel Queen—
I ken aa luve is weirdit, doomed
As aathing ither by its proper bund
And we like them—but wi
A special dispensation reift
In torment frae the Goddess langsinsyne—
Her pledge like folly's and the fule's
Was till the crack o' time.

Additional Poems

from *The Deevil's Waltz*
and *So Late into the Night*

These poems were deleted by the author but,
in view of his untimely death, have been added
to this first collected edition for the sake of
completeness.

The Widdreme

(frae the Gaelic o Sorley MacLean)

Ae nicht o thae twa year
Whan I thought ma luve
Was strak wi a skaith as dure
As wumman's had sen Eve,
We ware thegither in a dwaum
By the stane dyke that stauns
Atween the loons' an lassies' yards
O' ma first schuil.
                  Ma airms
Ware round her an ma lips
Seekan her mou
Whan the laithlie gorgon's heid stuid up
On a sidden frae hint the waa,
An the lang mirk ugsome fingers graipt
Ma craig wi a sidden grup——
And then the words o weirdless dule:
"Owre blate, ye fuil!"

The Shade of Yeats

Yeats, if ye luik aye tae the past
Biggan a warld on the map o a dream
Whaur puirtith is douce an reserved for the best
An ignorance pairt o a seilfu scheme,
Wi grand injustice the source o guid
An tyrannie throned i the image of God,
Why praise yir "Indomitable Irishrie"
That warssled wi thae throu the centuries?

249

I praise, as you, the vagabone
For despite his clouts he's a king,
But the clouts've nae naitural richt tae the throne
As sich—sure that whaur they hing
Ye're like tae find a chiel that free,
The tinkler, the bard an the maisterless man——
——But the vertue's no in the povertie
It's the choice to sing his ain daft sang.

Ay, Willie Yeats, its here we brak
For thares nae retour throu the nichtit wuid;
Whits deid is deid, we'se neer get back
Nor in Scotland wald gin we could——
I abolish the past an aa ye sing
O' feudalistic glaumerie!,
Future's unkent but whitna it brings
Oor belly's steght wi tyrannie!

We luik til the kenless drawn aheid
As the few richt Scots aye did luik,
Indomitable yet the breed
O' Burns an Maclean as the Irish fowk;
An sure we'se yet prove ye wrang,
The outlan wants nae lord's dictate,
This skalrag land in shackles lang
Taks the free man's richt tae gang's ain gate.

On Readan the Polish Buik o the Nazi Terror

To Mieczyslaw Giergielewicz and the folk of Poland

Poland, the warld is greitan as they read,
O Polska martyr, raxed on a wreistit rood,
Frae Scotland tak oor tears, oor blinnd an burnan dule——
O waesum mistraucht Poland, land o dearth an deid
Whaur the Black Horseman rides the yerth
Bricht his white banes glister white as daith
As the brass hoofs stramp athort the nicht
His trail is huddered stiff wi his raggit tribute,
An nocht is shair but wanhope, nicht, an fear——
An reivan man frae woman, mither frae her bairn——
O Polska, gash, gash yir weird! Ye hae oor herts
Are skaitht wi kennin—Christ, but whit can kennin ser'?

We ken fine the track o yon fell Rider;
Flodden and Culloden tell their tale,
Ay, battle's defait getts wae's begrutten pride
But tis owreharlan, sleepless, breeds the granite memorie;
An baith we've kent, as you: the burnan hames, eviction, exile,
Kent the terror o the reidcoats harried
Thoosand on thoosan doun til the ships,
Thoosands o crofters doun til the slave ships,
Wemen and weans doun til the plague ships,
Unborn crateries doun til the grave ships;
And mony and mony deid on the faem
For the few in the new lands fand a hame.

We ken the Black Rider, ken him weel,
And och I send the cauld comfort o hope til ye
That warssle nou in the Nazi hell
In the chitteran nicht ahint a shack
In the snaw crouched laich an the breith hauden
Or the airn-shod buits are past
And ye'll nou can retour tae the sleepless wark
In basement an bothie, in slum and mill
Throu simmer drouth or rime or rains
Wi leaflet an wireless an gruppit stane
An whiles the cauld an smilan dirk——
——An the lips o freedom girn in the mirk.

O stoundit sair-fraucht Poland, whitna the years may dree
Or your folk in Scotland falcons frae the gurlie lyft descend,
Hain aye the lowe sans whilk the saul can dee
That centuries o thraldom canna blinnd——
We'se drink thegither yet, lang tho the onwyte be,
The dear tint wine o libertie!

1942.

On the Don, August, 1942

*A soldier o the Reid Army tells o a happening during the German
onset forenent Stalingrad*

I mind yon day was liker nicht——
Shell fire an mines had lit the fields
An grown tae michty holocaust,
Nocht afore oor een but reik

Black reik owere the haill dry steppe,
It micht hae been nicht on the Don that day;
Daylang the mirk clouds heived an swep
Wund-blawn throu the famished simmer gerss,
Atour us spreid in rauk broun swathes——
Ay, it micht hae been nicht on the Don
But for the reid baa throu the wreiths
A gobbet o bluid abune the Don
That was the sun.

Oor hauns ware blistered on the guns
As we killt an killt—ech, killt!
The teeman gray slave thousans
Strummlan silent tideless hint the wall
O' lowe-lit reik, a waa, a lyft,
A universe o reik
Blawn aye til the Soviet lines
Sae rowth an thick
It seemed it was nicht
On the Don.

Daylang the glutton gleid swep on,
We focht i the brunstane reik o the pit,
Oor lips ware burst, oor mous
An thrapples paircht wi drouth
While throu the fause
Perpetual humin aye the sun
Bluid-reid hung lik a hairvest muin
As it micht hae been nicht
On the Don.

II

A Scots soldier speaks o anither war

There's nae reik here, nae bluid-reid sun,
Naw wund, but a lowran lyft o leed
Derns the thwartit thochts o a voiceless folk
Whaes herts are dirlan eastlins wi a stound
O' guilt. Oor Monger rulers winna heed
But we wad fecht a richt St. Valery again,
Mak Embro toun Sevastopol, we ken
Your strauchle's ours, an wad we micht
Be wi ye whaur the reik's lik nicht
On the Don.

You, at Smolensk an Leningrad,
At Moscow, Rostov an the nou
Whaur't micht be nicht on the Don
Hae focht an fecht for Russia and aa men
(Tho that ye little ken);
We, that deed roun fell St. Valery
And in Malayan swamp, in Tobruk's garrison
Lang tholed, lang focht neth a bleezan lyft
Was ane vast grazen sun
Whaes mirlie sunspots ware the gleds
Bidan oor carrion;
Oor een ware glaumered blin
Bi mirage an the daylang skimmeran haze,
As yours oor thrapples rauk wi watter's want
The sand reugh gravel in oor mous—
But was't for Scotland and aa men
Or unricht Empire and the Few
I' the sun?

But ken ye yet the time wull come
A bluid-reid sun owre Forth an Clyde
(Wald it was nou!)
Whan we lik you sall reive
Oor richt an lang-tint ain——
Wad I cud ken that nou we did,
That aa thir muckle sum
O' Scotlan's bluid
Wald purchase freedom!
——Sae it wull, nor spent in vain
Nae mair nor yours, man, i the reik
That micht be nicht
On the Don.

III

The Reid Army man replies

I was at Smolensk throu the unco days
And oorie nichts as yet we focht frae neuks
An dernit bields efter the Nazis came;
I left Sevastopol a gutted carcass
Jurmummlit corp o an echt-month siege;
I ken o your Tobruk, it was the same,
I herd o naethin else ye tell, but I believe

253

An til the commonty o Scotland
I as Russia gie
Ma graithit haun.

Ye'se get ye free; the Perth an Glasgow's made
As Rostov steght wi clotted daith,
As Smolensk aa ane vast necropolis
O' braverie, as weel they may,
Tho Embro's levelled lik Sevastopol
Tae grugous skau o grieshoch, bluid an stane——
(O fell begrutten yirdan-gruns o stour!);
Ye'se get ye free, I ken, as we did, frae
The Mongers, ay an grup yir ain
As we sall oot the hauns o thrallit pouer
Ahint thae waas o reik yon day
On the Don.

And i the outcome of the widdrem years
Thort ben an muir an ocean we'se tak hauns
Forenent the warld o mongerdom, ma fier,
Wi ilka trauchled folk o mapamound
Nou hauden doun
Bi enemy or self-appointit frien
On Ganges, Yangtse or Norwegian fiord
Moldau, Ebro or the Somme,
Danube, Forth,
    Or Don.

Sang: The Royal Drouth

I slockened a royal drouth yestreen,
Reid as the rose o Spain,
A richer waucht nor thine, my queen,
I neer sall preeve again.

The black was mirker nor the nicht,
The reid than bluid was reid,
The white was whiter as the licht
The mune on cranroch spreid.

Whiter nor milk the white o your lire,
Hair jet as the black swan's doun,
Your rose-reid kiss mair lowpan fire
Nor the bleezan sternes abune.

254

The deep south yesternicht was mine,
I plucked the rose o Spain—
Och, neer has rin mair richer wine
Nor yon I preed yestreen.

Sonnet

God or Deil that in man is
That works his destinie
Endlang this rock-bund gurlie sea,
Outspeak what is't for man ye wiss!
And why wi ilka cast
O' the fell dice ye play
The end is aye the same?—the glass
Dashed frae the mou, the wey

Ahint aye jagg't wi the smithereens
O' crystals he has held
But for a nicht—syne spilled,
—Reid ichor on the milkie seas.
Och, neer til man is answer gien
But owre the bent the seawinds' scream.

GLOSSARY

(In general, Scots gerund ends in -in, present paticiple in -an, and past
participle in -it or -t.)

Aa, a': all
Aamaist: almost
Aathing: everything
Aawhar, aawhare: everywhere
Aben: inside
Abies: except
Ablow: below
Abraid: abroad
Abune: above
Accume: accumulated
Acht: eight
Ae: one
Aefauld: single, pure, whole, simple,
    upright
Aff: off
Aft: often
Agin: against
Agley: amiss, obliquely
Ahint: behind
Aiblins: perhaps
Ailin: sicken, disease, diseased, sicken-
    ing, sick
Ain: own
Aipple: apple
Aince: once
Ainlie: only
Airm: arm
Airn: iron
Airt: quarter, direction, district,
    compass-point
Aist: east
Aiten: oaten
Aith: oath
Ajee: ajar
Alba: (alaba) Scotland
Albeid: although
Ablow: below
Allhaill: whole: mistletoe
Allutterlie: completely
Alowe: aflame, alight; below
Alsweill: also
Americie: America
Ane: one
Anerlie: only

Aneth: beneath
Antient: ancient
Antran, auntran, antrin: rare, occasional,
    single
Argy-bargy: heated debate
Aroint: expel, dismiss
Ase: ash
Aspate: of river in flood
Astren: frightful, austere
Athol Brose: whisky with honey and
    oatmeal
Athort: across, through, abroad
Athouten: without
Atour: about, around
Auk: SGS (born near Auckland)
Auld: old
Auldern: olden, ancient
Auntient: ancient
Auntran: see antran
Ava: at all
Avise: counsel, advice
Awa: away
Awefae: awful
Ay: yes
Aye: always
Ayebydan: everlasting
Ayont: beyond

Baa, ba': ball
Babban-quaa: quagmire
Baggity: pregnant, big-bellied
Bairntime: bearing-time, generation
Baith: both
Balclutha: Land of Innocence
Ballatrie: minstrelsy, ballad-making
Ban: curse
Bane: bone
Bare: bore
Barken: encrust
Barla-fummil: Pax! Enough!
Barley-bree: whisky
Barrace: tournament
Battell: battle
Bauld: bold

257

Bedesmen-bowl: begging-bowl
Beglaumert: spell-bound
Begood: began
Begrutten: much-mourned
Beilin: festering
Bein, bien: comfortable, snug, well; being
Belang: belong
Beltane: spring festival; May Day
Belth: stormy blast
Beluvit: beloved
Ben: inside; mountain
Benmaist: innermost
Bent: marram grass
Besprent: sprinkled
Bestial: cattle etc.
Bide: stay, wait, endure
Bide a wee: wait a little
Biel/d: shelter, refuge
Bigg: build
Biggan(in): building
Bien: see bein
Bilan, bylan: boiling
Bile: boil
Billies: fellows
Bink: bench
Birk: birch
Birl: whirl about
Birlinn: galley, pleasure-boat, boat-song
Birse, birsle: bristle, hardy
Birslet: bristled
Blae: livid, wan, blue
Blaff: sudden squall
Blane: blemish
Blate: shy
Blatteran: pelting
Blaw: blow
Blee: complexion
Bleeze: blaze
Blether/s: gossip, nonsense
Bletherin: gossiping
Blin: blind
Blinnan stew: blinding storm
Blinnin: blinding
Blissit: blessed
Bluid: blood
Bluidwyte: bloodshed-fine
Blye, blylie, blythesome: happy
Blyte: storm-gust
Blythfu Fields: see Tir-nan-Og
Bob: shilling/s
Bodach, bottach: old man
Bogillis, bogles: spectres
Borneheid: headlong
Bothie: farmworkers' dorm-hut
Boued: bowed
Bouk: bulk
Bouled, boulie: bandy

Bourach: stone-pile, rubble
Brair, braird: germinate, sprout
Braith: breath
Brak: break; din, uproar
Brangle: menace, rattle
Brash: rush headlong
Brattlan: rataplan, rattling
Brattlin: bickering
Braw: brave, handsome
Bree: brew, brow
Breeks: breeches, trousers
Breme: bleak, grim, menacing
Breengin: rushing forward
Breer: see brair
Breid: bread
Breist: breast
Brenn: burn
Brig: bridge
Brou: brow
Broukit: grimy, neglected
Broun: brown
Bruckle: brittle, frangible
Bruil, brulye: broil, turmoil
Brunstane: brimstone
Brunt: burnt
Buck-trees: beeches
Buke-fu: book-full
Bumbazed: stunned, dazed
Bummle: buzz, hum
Bund: bond
Burnan: burning
Burnie: brooklet
Burrie: burred, furred
But and ben: two-roomed cottage
Bydan: waiting, lasting
Byde: see bide
Byganes: bygones
Byle: boil
Bylie: Baillie
Bynamed: nicknamed
Bystart: bastard

Ca, caa: call; drive, knock over
Cack: shit
Cailleach, calyach: old woman, weird apparition of storm
Caird: card, character, rogue
Cairn: burial pile of stones
Cairt, carte: card; cart
Callants: young me
Caller: fresh, cool
Campion: champion
Camsteer/ie: wild, ungovernable
Canna, cannae: can't
Cannie: cautious; natural
Cantie: lively, cheerful
Cantrip: trick, magical trick
Carle: old man

Carlin: old woman
Carse: riverside meadowland
Cauf: calf
Cauk: chalk
Cauld: cold
Cauldrife: cold (sensitive to)
Cauldbluid: coldblooded
Caun(n)el: candle
Caup: wooden cup
Causie(ey): street
Cavaburd: blizzard
C'wa: come away
Centripetant: centripetal
Certies: certainly
Chack: gnaw; deathwatch beetle sound
Chaffer: conversation, banter
Chaft: jaw
Chanceless: unlucky, doomed
Chaltuinn (Ni): of the hazel
Chap(p): knock, rap
Chaudron: caldron
Chaumer, chalmer: chamber, room
Cheatrie: treachery, fraud
Cheynge: see chynge
Chiel: good chap, fellow; child
Chinkin: clinking
Chirls: splinters of coal
Chirm: murmuring of birds or water
Chitter: teeth chattering with cold, fear
Chuckie: pebble
Chutterin: shivering, teeth chattering
Chynge: change
Circuat: encircled
Clack: chatter
Claes: clothes
Claith: cloth
Clanjamfrie: mob, rabble, throng
Clarsach: harp
Clartie: dirty
Clash: gossip, news
Clavers: silly talk, nonsense, drivel
Clim: climb
Clinks: coins
Clishmaclaver: see clavers
Clopperin: bottle rattling, wheels
Close: outside passageway
Cloutie: Satan
Clouts: clothes, rags; slaps
Cluther: cluster
Clype: tell-tale
Cod: bolster, pillow
Cokkils: shellfish, shells
Collieshangie: uproar, skirmish
Colloguin: scheming
Commell: see mell
Convene: meet(ing), tryst
Corbie: crow, raven
Coronach: dirge, lament

Corp: corpse
Corrie: hollow in hill; quarry
Corrievreckan: notorious whirlpool
Cosh: cosy
Cou: cow, whore
Cougate: Cowgate (in Edinburgh)
Coup, cowp: overturn
Courie: cower, snuggle
Couth(-ie): snug, warm, sociable
Cowit: close-cropped; cowed
Cowpit: see coup (past of)
Craig: neck, throat
Cramasie: crimson silk
Cranroch(-reuch): hoarfrost
Cratur(-ie): creature (little)
Crawin: crowing
Creppit: crept
Croachin: encroaching
Cronies: companions, pals
Croodle: crouch; coo
Crottle: crumble dow
Crouse(ie): convivial
Crozie: fawning, whining
Cruddit: crudled
Cryne: shrink, dwindle
Cuif: fool
Cuit: ankle
Cullage-bag: scrotum
Cundies: secret holes; cunts
Cunyiar: coiner
Cunyie: coin
Curmurrin: belly-rumbling

Dae: do
Da'e (dinnae): don't
Daith: death
Daff: play love-games, dally
Darg: labour
Daud: dollop, lump
Daunder: stroll
Daunert: wandered; strolled
Daunton, dauntit: subdue(d), appal(l/ed)
Daur: dare
Dautit: petted
Daw(-in): dawn
Dayligaun: dusk, evening
Dear kens: dear (God) knows
Deave: deafen, overwhelm
Debocherie: indulgence, debauchery
Dee(-an): die (dying)
Deidlicht: see corplicht
Deif: deaf
Deil: devil
Darkenin: dusk
Dern: secret
Dert: dart
Devall: cease
Devou: make obeisance

259

Dicht: dressed; wipe clean
Ding: strike, beat, attack
Dinnae: don't
Dinnles: tingles
Dirk: dagger; grope in dark
Dirl: throb; pierce; thrill
Disjaskit: exhausted
Dizzen: dozen
Dochan-doris: "drink-at-the-door"
Dochter: daughter
Doiter: totter, weaken
Doitit: crazed
Donnert: stupefied
Doo, dou: dove
Dookit: dovecot; ducked
Dotterel: halfwit
Douce: sedate, respectable
Doulie, doolie: miserable
Doun: down
Doungae: descend
Dounset: defeat, destroy
Dour, dure: enduring, hard, grim
Dout(-in): doubt(-ing)
Dow: dare, can
Dowf, dowfart: sad, depressed
Dowie: sad, tearful
Dowless: feeble
Downa: dare not
Dowp(-maist): arse; bottom(-most)
Dozent: numb, stupefied
Draible(d): muddy(ied)
Drap(-pie): drop(-let)
Drave: drove
Dree: endure (pain, fate)
Dredgie: dirge
Dreich(-lie): dull, bleak, sad(-ly)
Drizzen(-an): low(-ing) sadly
Dronach: punishment
Drouk: drench
Drouth(-ie): thirsty, parched
Drowie: misty, humid, wet
Drucken: drunken
Drum: throb, beat (heart), pain
Dub: gutter, ditch
Duds: rags, clothes
Dule, duill: grief, sorrow, anguish
Dumb deid: dead of night
Dumfounrous: dumbfounding
Dun: stunning blow
Dune: done
Dung: past-tense of ding
Dwaible(ie): stumble (-ing), weak
Dwalls: dwells
Dwaum: dream, faint, spell
Dwine: *see* dwyne
Dwinlan: dwindling
Dwyne: decline, waste away
Dwynin: declining, wasting away

Eastlins: eastwards
Ee(-n): eye(-s)
Eenin: evening
Eer: ever
Eerie: ominous, spine-chilling
Efter: after
Eisen: to desire, lust for
Eith: easy, easily
Eke: add to, prolong
Elfame: fairyland, fairy bower
Embro: Edinburgh
Emerant: emerald
Endite: write
Endlang: endlong, alongside, endless
Endmaist: endmost
Eneuch: enough
Espanye: Spain
Etter: spider
Ettle: attempt, aim
Excambion: exchange
Eydent: diligent

Faa, fa': fall
Faaen, fa'en: fallen
Fa'an: falling
Fack: fact
Faddom: fathom
Fae: foe; from
Faem: foam
Fairheid: beauty
Fairin: reward, fee, due
Fand: found
Fantice: vision, dream
Fash: worry, bother
Fauch: fallow, sterile
Fauldin: folding
Faur: far
Fause: false
Faut: falt
Feart: feared, afraid
Fecht: fight
Feck: plenty
Feckless: inadequate, useless
Fedder: feather
Feft, feift: *see* feif
Fegs: Faith!
Fell: lethal, doomed; very
Fellie: fellow
Fellmaist: most lethal, etc.
Fellrife: fey, unlucky
Ferlie: marvel
Fey: doomed
Fidges: fidgets with lust
Fief: possess (property), enslave(ment)
Fient a: not a bit of
Fiere: comrade, brother
Fin: find
Fingernebb: fingertip

260

Fireflawcht: lightning
Fit, fuit: foot, feet
Flair: floor
Flauchter: flutter
Flechter: flatter
Flee: fly
Flegmageerie: whim, daydream
Fleeman's-firth: sanctuary
Fleer: flare, mock
Fleering: mocking
Fleg(-git): frighten(-ed)
Flichter: flicker
Flichterie: flighty(-ness), wanton
Flichterie-fleeterie: flitting here and there
Flichtmafletherie: frippery, trifle
Flinder: splinter
Flooer, flouer: flower
Flude: flood
Flume: river, flood
Flutherie: fluttering
Flype: fleece, skin, strip
Flyte: scold, denounce
Focht: fought
Fooroch: bustle, swarm
Foosty: fusty
Forbye: as well as, moreover
For(e)nent: in front of, beside
Forfaut: forfeit
Forfochen: exhausted
Forgae: forgo
Forgie: forgive
Forsweir: forswear
Forworn: exhausted
Fou, fu: full; drunk
Foudrie, fudder: lightning
Fousome: vile, disgusting
Fouth(-ie), fowth: rich, fertile
Fow(e)r: four
Fowk: folk
Fozie-fousome: fusty, vile
Frae: from
Fraith: froth
Fraucht: fraught, heavy with
Freins, freens, friens: friends
Freith: froth, foam
Frem(t): foreign, alien
Frore: frozen, frosty
Fugee: fugitive, refugee
Fule, fuil: fool
Full: to fill (rhymes with dull)
Fundert: foundered
Fush: fish
Fusionless: spiritless, weak
Fute, fuit, fit: foot
Fyke, fike: whim
Fyle, file: foul, defile

Gae(-s): go, goes

Gaed: went
Gair: grass patch, gusset, strip
Gaird: guard
Gallus: aggressive, bullying, bold
Gane: gone
Ganecome: return
Gang(-an): go, going
Gangrel: vagrant, outcast
Gant: yawn
Gar: compel
Gait, gate: manner, mode; way
Gash: livid, ghastly
Gashlin: distorted, twisted
Gastrel: kestrel
Gastrous: monstrous, horrific
Gaud: trinket
Gaun: going; go
G'awa: go away
Gean: cherry-tree
Géck, geg: trick, tricked one
Gentles: good people
Gentrice: breeding, generosity
Gear: possessions, wealth
Geordie: old coin
Gerss: grass
Gett: bastard
Gey: very, amply, somewhat
Ghaist: ghost
Gibbous: humpbacked
Gie(-n): give(-n)
Gied: gave
Gies: gives
Gill: ravine
Gilravage: riot, manhandle
Gif: if, given (that)
Gin: if, given (that)
'gin, agin: against
Ging: go
Ginse: genius
Gintles: see gentles
Girn: complain, snarl
Gises: masks, disguises
Glaid: glad
Glair, glaur: mud
Glaistig: she-ghost foretells death by
    weeping
Glaizie: glazed, glittering, sleek
Glaumerie: spellbinding, bewitchment
Gled: kite
Gleemock: dim light as misty sun
Gleen: gleam, glitter
Gleid: fire, burning coal or stick
Gleish: brightly flaming
Gleg: nimble, sharp, swift
Glent: glint, flash
Glentin: glinting, flashing
Gless: glass
Gliff: glance, flash

Glink: *see* Gliff
Glisk: sidelong glance
Gloaming: dusk, twilight
Gloffs: patches of darkest dark or fog
Glower: ferocious glare
Glune: gloves
Goave: gape at, gorp, stare
Gomeral: blockhead
Gorman: cormorant
Gorgoul: harpy, demon
Gou(w)lin: indignant crying, storm din,
    dog's challenge
Gowp(-in): gasp(-ing), gape(-ing)
Gousteran: blustery
Goustrous: frightful
Gousty: unearthly
Gowd(-en): gold(-en)
Gowdie: jewel, gem
Gowdspink: goldfinch
Gowk: fool; cuckoo
Gralloch: disembowel (stag)
Graith(-in): dress(-ing), prepare(-ing)
Grame: pain, grief
Granderie: pride, pomp
Grane: branch
Grat: wept
Gree: prize; agree
Grein: yearn
Greit: weep; tears; grief
Greitan: weeping
Grieshoch: glowing embers
Grou, grue: blood-curdle, shudder
Grugous: grim, foreboding
Grund: ground
Grup: grip
Guid: good
Guff: smell, stench, bad breath
Gurl(-ie): storm-growling
Gyve-airns: fetter irons
Gyte: mad

Haa: hall
Haaf: open sea
Haar: hoar-frost
Hae: have
Hail: heal; whole
Hailie: holy
Hailie Rude: Holyrood Palace
Hailisted: heaven
Haill, hale: whole, heal
Hain: preserve
Hairm: harm
Ha(i)rns: brains
Hairst: harvest
Hairt: heart
Haliket: wild, reckless
Hallow: hollow; holy
Hamewith: homewards

Hammerflush: anvil-sparks
Handsel: welcoming toast, gift
Hantle: fair number
Hap: cover up, hide
Happie: lucky, fortuitous
Harborie: shelter, refuge
Haud: hold
Hauden doun: kept under
Hauf: half
Hauf and a hauf: a whisky and beer
Hauflin: adolescent
Haun(d): hand
Hautand: proud, haughty
Hauvers: half and half
Havers: nonsense, clap-trap
Hayr: *see* haar; frosty cold
Hechle: pant, out of breath
Heid: head
Heive: *see* hive
Herd: heard
Herry: harry, raid
Hert: heart
Hidderie-hetterie: hither and thither
Hie: high
Hiech, heich: high
Hill-folk: fairies
Hinder: latter
Hinna: have not
Hing: hang
Hinny: honey; whinny
Hint, ahint: behind
Hirple: limp
Hit: it
Hive, heive: swell
Hivin: swelling
Hoast: cough
Hoch: thigh
Hochmagandie: fornication
Hogmanay: New Year's Eve
Hoolie: softly, stealthily
Hornie: Satan
Hou: how
Hough: *see* hoch
Hovenum: heaven
Howff: tavern, local pub
How-dumb-deid: dead of night
Howe: hollow
Howlet: owl
Howp: hope
Hudder: huddle
Humin: twilight
Hunder, hunner: hundred
Hurdies: buttocks
Hure, whure: whore
Hurl: ride
Hyne: haven; distant

Ilk, ilka, ilkane: each, every(-one)

I': in
Inly: inside
Ingangs: bowels
Ingenie, ingyne: genius
Inhaud: enclose
Inowre: beside, near
Intil: into
Iren: iron
Ither: other

Jag, jaug: stab, pinprick
Jalouse: guess
Janvier: January
Jeelie: jelly
Jeez: Jesus!
Jessie: sissy
(in) Jizzen: childbirth
Joukerie-poukerie: roguery
Juist, jist: just
Jurmummle: confound, jumble, spoil
Jyle, jail
Jyne: join

Kailstock: cabbage-stalk
Kaim: comb
Kebbuck: cheese
Keekin-gless: mirror
Keen(-s): lament(-s)
Kenless: unknown
Ken(-t): know(-n)
Kenna: know not
Kennan, kennin: knowing
Kenspeckle: notable, well-known
Kimmers: neighbours, wives
Kin: kind
Kingrik: kingdom
Kinkynd: kind, sort
Kinna: kind of
Kinnle: kindle
Kintra: country
Kist: chest
Knap: knee: chatter
Knapcone: knobcone tree
Knock: clock
Kyte: belly

Laich: low
Laillie: foul, loathsome
Lair: grave, bed, den
Laith: loath(-ing); loth
Lammas: August holiday
Lan: land
Land: tenement
Landbrist: surf, spray
Landwart, lanart: landwards; country-
    bred
Lane: lone
(my) Lane: alone, lonely

Langer: longer
Langorie: languor, longing
Langsyne, langsinsyne: long since,
    former times
Larry: servant, fawner
Lassockie: very little girl
Lauch: laugh
Langelt: hobbled
Lashin(-s): lots of
(the) lave: the rest, remainder
Laverock: lark
Lea: leave; law
Leafu(-llie): loving(-ly)
Leal: loyal
Leam: gleam, shine
Lear: learn(-ing), knowledge
Leddy: lady
Lee: lie
Leed, leid: lead (metal); language
Leefou: loving, affectionate
Leelang: livelong
Leerie: little flame
Leesome: see leefou
Leeze: pledge, trust
Leid: language
Leman: lover
Lemanrie: sexual love
Len: lend
Lends: loins
Lenth: length
Leuch: laughed
Levin: lightning
Lib(-bit): castrate(-d)
Licht(it): light(ed)
Lichtly(-est): slight(-est)
Lichtsome: fast-moving, lightly
Liefer: rather
Lift: sky
Ligg: lie
Lily-loo: white-flame; lullaby
Limmer: bitch, whore
Linn: wier, waterfall
Lintie: linnet
Lippen: trust, believe
Lipper: leper; ripple
Lire, lyre: the skin
Lith: gap, joint, weak-spot
Lither: undulating gently
Lochan: loch (small)
Loddenit: laden
Loe, loo: love
Loll: embrace, fondle
Lollish: long
Loof: palm (of hand)
Loon: lad
Loombund: fogbound
Loosum: lovable, loving
Loot: let (past tense)

Looinmairkit: Lawnmarket (Edinburgh)
    pun on "loving"
Loss: lose
Loun: lad
Lourd: heavy
Lousome: *see* loosum
Loutit: genuflected
Lowe: flame
Loweran, lowrin: threatening storm
Lown: calm
Lowp: leap
Lowse: loose, set free
Lucken: locked, chained
Lug: ear
Lum: chimney
Lunt: to puff smoke
Luve: love
Lyart: grey-beard, old man
Lyft, luift: sky
Lythe: calm, soft, balmy

Maas: seagulls
Mae: mournful cry
Maen: moan
Mahoun: Mahomet, the devil
Maik: mate, match, peer
Maikless: matchless, peerless
Mainner: manner
Mair: more
Mairch: march
Maist: most
Maister: master
Maistlike: mostly; probably
Maitter: matter
Mak: make
Makar: poet
Makkin: making
Mang: among
Mapamound: globe, world-map
Mareeld: phosphorcseence
Marl, merl: to mottle
Mauchie: dank, clammy
Maun(-na): must (not)
Mavis: song-thrush
Maw: seagull
Mear: mare
Meikle: big; *see* muckle
Mell: mix, mingle, meddle
Mense: intelligence, character, sanity
Mensefu: sensible, wise
Menyie: friend(-s)
Mercat: market
Merk: *see* mirk
Merle: blackbird
Messan: lapdog, pet (despised)
Min, mind: mind; remember; care for
Minion; pet, favourite, stooge
Mirk: dark(-ness)

Mirlie: mottled, speckled
Mirligae: spinning wheel
Mirligoes: mist, illusions
Misgates: mistakes
Mistraucht: distrait, distraught
Mockrife: scornful
Mony: many
Moniefauld: manifold
Mools, muldes: grave; mould
Moss: bog, moor
Mou, mow: mouth
Mousewab: cobweb
Muckle: big, much
Muin, mune: moon
Muir: moor
Mulder: moulder
Murken: gone rotten
Murkin: sterile, lifeless
Murle: crumble away
Musardrie: imaginings, musings
Muveless: unmoving
Mynd: mind; remember; care for

Na: no, not; than
Nae: no
Naething: nothing
Nane: none
Natheless: nevertheless
Nakit, naukit: nude, naked
Neap: turnip
Nearhaundy: nearby
Neb: nose
Nebstrou: nostril
Neer, naer: never
Needcessitous: necessary
Negleckit: neglected
Neist: next
Nesslin: nestling (esp. youngest)
Neth: beneath
Netherst: hindmost
Neuk: corner, nook
Nicht(-it): night(-ed)
Nick: jail; to catch, imprison
Nocht: not, nought
Noo: now
Nor: than
Nune: noon
Nyaff: self-important non-entity

O, o': of
Och: Oh!
Ochone: alas!
Ocht: anything, ought
Ohn: without
Onding: downpour, storm
Onwyte: wait expectantly
Ony: any
Onygates: anyway

Onyweys: anyway
Or: until; before
Orcades: Orkneys
Oot: out
Ootby: outside
Orra: supernumerary; odd
Ourie, oorie: weird, dismal, dank
Outbock: spew, pour out
Outbrak: outbreak
Outland, outlin: landless; outcast
Outowre: far over
Outraxt: overreached
Outrug: drag back
Ower, owre: over, too much
Owerance: authority; power
Owergang: overgo
Owerhailan: supreme
Owerharl: suppress
Owerhing: overhang
Owermichty: overpowerful
Owreset: overthrow
Oxter: armpit; fork (of tree)

Pace: Easter
Packman: pedlar
Pairt: part
Pandour: oyster
Partan: edible crab
Paufrie: palfrey
Paum: palm
Peerie: small
Pend: arch
Pent: paint
Perl: pearl
Pey: pay
Pickle: small amount
Pit(-by): put(-away)
Pitmirk: dense dark
Pitreik: pit smoke
Pitten-out: rejected; ejected
Plainstane: flagstone
Plou(-man): plough(-man)
Ploy: game, exploit, jape
Poke: bag, sack, pouch
Pooer, pouer: power
Pooches: pockets
Porte: gate, door
Powe: poll, head
Pree: taste, savour, experience
Preen: pin
Promits: promises
Pruve: prove
Pu: pull
Puggie: monkey
Puir, pure: poor
Puirtith: poverty
Pultrous: lascivious
Pund: pound

Purpie: purple
Pursuit: attack
Pynt: point
Pyson: poison

Quaich: two-eared goblet
Queyn(-e), quean: girl
Qu(h)ilk: which
Quietlenswise: peacefully
Quauk: quake
Quate, quaet: quiet

Rabil: rabble
Rackless: reckless
Rade: rode
Raff: rank, rich, abundant
Raggit: ragged
Raik: rove about
Raip: rope
Rair: roar
Raive: see reif
Rak: stormclouds
Rale: gush out
Rambaleuch: tempestuous
Ramfoozled: confused
Rammage: frenzied, furious
Ramp(-an): prance(-ing), rage(-ing)
Rampish: wild, ungovernable
Ramsh: fiery, heady
Ramskeerie: restless, irresponsible
Ramstam: headlong, wild
Rancounter: meet, encounter
Randie: beggar, ruffian
Rant: roister; scold
Rankreengin: lawless, crude
Rash: bold, active; crowd; downpour
Rauch: reach
Raucle: headstrong, passionate
Rauk: hoarse
Rave: clutch at
Rax: reach
Ream: curdle, cream, froth
Rede: see reid-wud
Redeless: careless
Ree: lustful, turbulent
Reekie: smoky (Auld Reekie, Edin-burgh)
Refraish: refresh, renew
Reif, revie: snatch, plunder
Reithe: ardent, eager
Remeid: remedy
Retour(-s): return(-s)
Reuch: rough
Richt: right
Rigg: furrow
Riggantree: roof
Rime: hoarfrost
Rin: run

Rive, ryfe: tear to bits
Roon: round
Rossignel: nightingale
Rouch: rough
Roun: whisper
Roust: roar, bellow
Rowe: roll up
Rowth, routh: rich, abundant
Ruit: root
Runkle: wrinkle
Runt: treestump; weakest of nest
Rutle: death-rattle
Ryaltie: dominion, realm
Ryce: branch
Rysan: rising

Saagin: slack-water
Sab: sob
Sabbin: sobbing
Sae: so
Saft: soft
Saikless: innocent, simple
Sain: bless, heal
Sair: sore, wrong; very; serve
Sairs: serves
Sall: shall
Samphire: herb poor make soup of
Sang: song
Sark: shirt
Sauf: save
Saugh: willow
Saul: soul
Saut: salt
Sca'd: scrofulous
Scar, scaur: wild; rocky cliff, gully
Scart: scratch
Scaud: scald
Scelartrie: crime, infamy
Schawaldour: wood-ranger
Schene: see schere
Schere: bright, clear; beauty
Schine: see schere
Sclim: climb
Scour: scourge, sweep hard
Scove: glide, plane
Scraich(-in): screech(-ing)
Scrauch: shriek
Screich, scriech: shriek
Scrieve: write
Scrunt: misshapen dwarf
Scubble: spoil, botch
Scunner: disgust; nausea
Scurl: scab
Seenil: seldom
Seik: sick
Seilfu: happy, blessed
Sel: self
Selvin: selfsame

Semple: simple
Ser': serve
Set: sit
Sett: flagstone
Shair, suir: sure
Shairp: sharp, keen
Shauchle: shuffle
Shauchlie: of awkward gait
Shaw: grove; show
Sheen: shine
Shennachie: bard; annalist
Shent: destroyed, undone
Shieling: shepherd's hut
Shill: shrill
Shilpet: puny, thin
Shilpiskate: non-entity
Shiv: knife
Shoogly: shaky
Sic: such, so
Sicca(-n): such a(-n)
Sich: such; sigh
Sikker, siccar: certain
Siller: silver; money
Simmer: summer
Single end: one-roomed flat
Sinnens: sinews
Sinsyne: since then
Skaddaw: shadow
Skail: disperse, spill, scatter
Skair, skare: half-sunk rock; share
Skaith: hurt, wrong, harm
Skalrag: vagabond
Skarroch: gusty shower
Skau: ruin, destruction
Skean: dagger
Skeerie: scared; hysterical
Skelp: cuff, strike
Skillie: gruel, thin soup
Skime: gleam, glint
Skimmer: shimmer
Skinkle: sparkle
Skirl: shrill; sound of pipes
Skite: shite, shit
Skitter(-s): flitter, gush; diarrhoea
Skreek o daw: cockcrow
Skriddan: torrent
Skrucken: shrivelled
Skrunk: shrivel
Skugg: shade, shadow
Skuggie: shady, shadowy
Skudder: shudder
Skulduggerie: fornication, roguery
Skurryvaig: lead vagrant life
Slaucher: get dirty working
Slaw: slow
Slainte mhor: big health (to you)
Slee: cunning, sly, clever
Sleekan: crafty one

Sliddert: slithered
Slither: slip, slide
Slocken: slake
Slorp: guzzle
Slummocked: lolling
Smaa: small
Smeddum: gumption
Smirr: sprinkling; light rain
Smittle: infection
Smoor: smother, hide
Smauchter: smoulder
Snaw: snow
Snaw-freiths: snowdrifts
Snell: keen, piercing cold
Snoot: snout
Soif: thirst
Sonsie: smug; well set-up
Socht: sought
Soom: swim
Soop: sup; sweep
Souchin: soughing
Souck: suck
Souple: supple, foxy
Southron, suddron: English; Eng. lang.
Spaedom: fortune-telling, witchcraft
Spase: ocean
Spate(-d): flood(-ed)
Speak: speech, talk
Spearwund: tempestuous rage
Speug: sparrow
Spiel: climb
Spier: ask, enquire, seek
Spierins: questions
Spinnle: spindle
Spital: hospital
Spreid: spread
Spreit, sperit: spirit
Spulyie: spoil, booty
Squa(u)ner: squander
Staigs: stags
Stairve: starve
Staiver: stagger
Stalk: chimney
Stane: stone
Stang: sting
Stap: stop
Stark: strong
Starn(-e): star
Staucher: stagger
Staund, stan: stand
Staunnin: standing
Staw: glut, surfeit; stuff
Stech, stegh: see staw
Steek: shut
Steer, steir: stir
Steichle: congest
Stend(-an): stride(-ing)
Stent: stretch

Sterk, stairk: strong
Stern(-ie): star, little star
Stew: heavy rain
Stey: steep, difficult
Stot: stumble; bounce; ox
Stour: dust
Stouthrife: violent robbery
Stown: stolen
Straik: stroke, to strike; battle
Strak: struck
Stramash: tumult, conflict
Stramyulloch: turmoil, skirmish
Strath: valley
Strauchle: struggle
Straucht: straight
Stravaig: wander
Streel: urinate
Streich: stretch
Streik: stretch; streak
Strummle: stumble
Stummle: stumble
Sturt: startle, affray
Subjeck: subject
Succar: sugar
Suld: should
Sune, suin: soon
Sunkots: something
Sunner: sunder
Surfet: arrogance, glutted
Swack: drink, swill
Swau, swaw: sea-swell, wave
Swaul(-t): swell, swollen
Sweel: swirl, eddy
Sweir: swear; reluctant, loth
Sweit: sweat
Sweppit: swept
Swick: cheat, fraud
Swith: swift, quick; quickly
Sworl: swirl
Syne: then, since

Tack: rent
Tae: too; toe
Taen: taken
Tak: take
Tairget: target
Tane . . . tither . . .: the one, the other
Tapmaist: topmost
Tapsalteerie: topsy-turvy
Tappit-hen: 3-pint measure
Targats: shreds, tatters
Tash: soil, tarnish
Tassie: goblet, cup
Tattie-bogle: scarecrow
Tellt: told
Tent: care; try
Teem: pour out
Teeter: totter

Teuch: tough
Thae: those
Thegither: together
Thesauries: treasuries
Thie, thye: thigh
Thieveless: worthless
Thir: these
Thirl: pierce; thrill, throb; to enslave
Thirldom: slavery
Thocht: thought
Thole: endure, put up with
Thon: that
Thort: across, over
Thoum(b): thumb
Thow: spirit, gumption
Thowless: spiritless, weak
Thrang: crowd(-ed); busy, overburdened
Thrapple: throat
Thrave: 24 sheaves
Thraw(-n): wilful, perverse; twist(-ed)
Threep: reiterate tiresomely
Thrissle: thistle
Thrummle: tremble, palpitate
Thrussle: thistle
Throwgang: thoroughfare
Thunner: thunder
Ticht: tight
Til: to
Tine: lose
Tink, tinkler: tinker
Tint: lost
Tirl: to ring, knock rapidly
Tir-nan-og: Land of Eternal Youth
Tocher: dowry
Tod: fox
Tooer: tower
Toom, tuim: empty
Tourbilloun: tornado
Towmond: year
Towrist: tourist
Trackit: weary, exhausted
Traik: wander; drudge; trouble
Traist: trust
Traiterie: treachery
Trane: snare
Trauchle: trouble; drudge, overwork
Treen: trees
Tregallion: beggar band
Trepan: outwit, cheat
Tresorie: treasury
Trist: sad
Trou: trow, believe
Trubly: dark, overcast
Trummle: tremble
Tulyie: broil, affray
Tumle: burial barrow
Tummle(-d): tumble(-d)

Twa: two
Twafauld: double
Twalmonth: twelvemonth, year
Twyne: separate, divide
Twynin: separation
Tyke: cur, mongrel

Ugsome: ugly, horrible
Uise(-d): use(-d)
Ulyie: oil
Umquhile: former
Uncassable: unbreakable
Unco: very; great; somewhat
Undeemous: incomprehensible
Unkent: unknown
Unsmoored: see smoor
Upbreir: see breir
Upwauk(it): awake(-ned)

Vaig: voyage, wander about
Vauntie: show-offy, merry
Velvous: velvet
Vennel: lane, alley
Virr: vigour, gumption
Vou: vow

Waa, wa': wall
Wab: web
Wad: would
Wae: woe
Waefu, waesome: woeful, sad
Waif, wayf: outcast, alien, loner
Wale: choose, choice
Wallicoat: waistcoat
Wame, weym: womb, stomach
Wan: won; complete
Wancanny: see wanchancy
Wanchancy: unlucky, doomed, unnatural
Wanhap: misfortune
Wanhope: despair
Wantan: wanting, without
Warand: protect; wager; assure
Warison: call to attack
Warld: world
Warlock: wizard, male witch
Warsellin: travail
Warslan: wrestling, struggling
Warssle: wrestle, struggle
Watergaw: rainbow
Waucht: draught (of wine, etc.)
Wauk: wake
Waukrife: wakeful, sleepless
Wauner: wander
Waur: worse; evil
Wean: child
Wearie faa: woe be to . . .
Wede awa: wither away

Wedow: widow
Wee: small; little bit
Wee thing: little bit
Weel: well
Ween: a little (time, amount)
Weet: wet
Weill: well
Weir: wear
Weird(-it): fate(-d)
Weirdless: worthless
Wemen: women
Wersh: tasteless; sour
Wey: way
Wha: hwo
Whartil: whither
What wey?: why?
Whaur, whar: where
Whalmit: whelmed
Whalp: whelp
Whaul: whale
Whaup: curlew
Wheen: few
Wheep: curlew call
Wheesht: be quiet
Whidd: whisk, swish
Whiles: at times, sometimes
Whilk: which
Widdreme: nightmare, mad dream
Whinner: rustle (as corn in wind)
Whit(-na): what(-not); what kind, what-
     ever
Whud: lie; rush (as wind)
Whummle: overthrow
Whunner: rushing noise in air
Whup: whip
Whure, hure: whore
Wi: with
Wicht: stalwart
Widna: wouldn't
Wilyart: wilful; shy; lonely
Windflaucht: windblown

Windie, windae: window
Winna: won't
Winnock: window
Winnock brod: shutter
Wioot: without
Wir: our
Wirriecow: scarecrow, ragged figure
Wiss: wish, hope, believe
Won'd: dwelt
Wrack: wreck; storm
Wrang: wrong
Wreist(-ed): torture(-d)
Wreith: snowdrift
Wreithe: writhe
Wud: would; mad
Wuddreme: *see* widdreme
Wudwise: bitter yellow weed
Wuid: wood
Wull: will
Wund: wind
Wurdie: worthy
Wuthering: sound of wind on moor
Wyce: sensible, all there, wise
Wynd: alley, lane
Wyte: blame

Yalla: yellow
Yatter: chatter sillily
Yeldness: barrenness
Yerd, yerth; yird: earth
Yern: yearn
Yett: gate
Yill: ale
Yin: one
Yince: once
Yirdan-grun: cemetery
Yirdit: buried
Yoller: yell loudly
Yont: beyond
Yowdendrift: piled snowdrift